Monika Böss

Rheinhessen

Vun de Hiwwel niwwer zum Rhoi

Geschichten & Anekdoten

Bildnachweis
Die Bilder stammen aus dem Privatarchiv von Trudel Scheuer, „Schamel Meerrettich“, Baiersbronn (S. 46) und Bärbel Hauf, Schwabsburg.
Titelbild: ullstein bild (Gierth)

Textnachweis
Sammlung der Zeitungsberichte über Maria W.
Stadtarchiv Worms

Danksagung
Ich danke Trudel Scheuer für ihre Ratschläge und Erinnerungen an Orte und Menschen. Sie hat bei der Rekonstruktion der Lebensbilder einen wichtigen Beitrag geleistet.

1. Auflage 2017

Layout: Da Forma Agentur für Gestaltung, Gudensberg
Satz: Schneider Professionell Design, Schlüchtern-Elm
Druck: Druckerei Zimmermann Druck + Verlag GmbH, Balve
Buchbinderische Verarbeitung: Buchbinderei S. R. Büge, Celle

34281 Gudensberg-Gleichen, Im Wiesental 1
Tel. 0 56 03 - 9 30 50 www.wartberg-verlag.de
ISBN 978-3-8313-2972-4

Inhalt

Vorwort

Es gab sie überall – Originale, Sonderlinge und Spaßvögel, die durch ihr merkwürdiges, oftmals exzentrisches Wesen und Auftreten in Erinnerung geblieben sind. Sie gehörten zum jeweiligen Ortsbild – und als sie nicht mehr waren, blieb eine Leerstelle zurück. Anekdoten ranken sich um ihre Persönlichkeiten. Glaubwürdig zusammengebastelt werden sie bis heute in den Vorträgen der Büttenredner in den Fastnachtshochburgen Rheinhessens.

Das Buch bietet keine voyeuristisch angelegte Beschau, eher einen Einblick in das Innere einer Welt, die sich beschaulich, anschaulich ihren Regeln unterwarf, worin der eine oder andere sich ein wenig Freiraum eroberte – ob als Versuch sich den widrigen Lebensumständen zu entziehen oder der Banalität des Alltags entgehen zu können.

Feldschütz und ledige Lehrerinnen, Meerrettichweiber und Straußwirtschaften in Hinterstuben sind nur noch Erinnerung. Es müssen nicht nur traurig kuriose Gestalten sein, die aufgrund körperlich oder intellektueller Einschränkungen als „Originale“ durchs Leben irrten und sich dem Spott der Gasse aussetzten, es kann sich auch die strenge Kindergartennonne oder die resolute Betreiberin einer „Waschanstalt“ originell aus der Zeit erhoben haben.

Das Verschwinden der Originale stellt einen Abgesang auf das Sonderbare, das Besondere dar. Aus dem Alltag von Stadt und Land sind sie längst verschwunden – und wie lang sie im kollektiven Gedächtnis vorhanden sein werden, kann nicht beantwortet werden.

Die Blumen-Mary von Mainz

Vor der Mainzer Hauptpost hat sie ihre Eimer mit den Tulpen und Maiglöckchen aufgestellt. Kittelschürze und Turnschuhe trägt sie an diesem milden Tag und lebhaft unterhält sie sich mit den Wartenden an der Bushaltestelle.

Sie ist wieder da, die „Blummefraa vun de Hauptpost“, von den Mainzern liebevoll „Blumen-Mary“ genannt.

Zum letzten Mal hat sie Anfang Dezember vor der Hauptpost gesessen, ihre schlohweißen Haare unter einer Zipfelmütze versteckt. Die Kälte schien ihr nichts anhaben zu können. Etliche Pullover trug sie übereinander und ihre Füße steckten in viel zu großen Fellstiefeln.

Heute ist alles anders. Die Sonne lacht, die Tauben gurren und bunte Tulpen lugen aus halb mit Wasser gefüllten Eimern raus – Frühling ist es geworden.

Wer war sie, die „Blumen Mary“ von Mainz?

Im nordpfälzischen Niedermoschel 1914 als Maria Erking geboren, ging sie nach ihrer Schulzeit in Stellung ins rheinhessische Wendelsheim. Ein Schicksal, wie es Töchtern der dörflichen Unterschicht vorherbestimmt war. Halbe Kinder wurden so in die Welt geschickt. Auf den Höfen erwartete sie neben schwerer Arbeit nicht selten auch etwas wie sittliche Verwahrlosung. Maria Erking kehrte nicht mehr zu ihrer Familie nach Niedermoschel zurück.

In Wendelsheim wird sie dem aus dem nahen Mörsfeld stammenden Eugen Weyrauch begegnet sein. Er sollte nicht ihr Glück werden. Armut, Ausbeutung und Gewalt bestimmten fortan ihr Leben – bis sie ihren eigenen, ganz besonderen Weg einschlug.

Im Gemeindehaus von Mörsfeld kam die Familie mit ihren bald fünf Kindern unter. Der Steinhauer Eugen Weyrauch fand Arbeit

bei der US Armee/Northpoint im Wald von Kriegsfeld. Günstig fällt das Urteil über ihn nicht aus. Ein Luftikus soll er gewesen sein.
Maria schaffte im Taglohn auf dem Feld oder melkte die dreizehn Kühe auf dem Stelzel-Hof. Sie musste sehen, wie sie ihre Kinder durchbrachte, wenn ihr Eugen wieder den Wochenlohn verjuxt hatte.
Es gelang ihr nicht, das kärgliche Leben, das eher ein Überleben war, abzuschütteln. Es fehlte ihr bei allem zähen Fleiß an den Gaben und Möglichkeiten, ihre Existenz zu ordnen. Es blieb bei einem verzweifelten Bemühen.
Irgendwann begann sie mit dem Blumenverkauf. Weit musste sie laufen, um sich die Ware zu besorgen. Die jüngeren Kinder begleiteten sie oft bei diesen Wanderungen. Im Frühling holte sie Maiglöckchen aus dem Wald und band sie zu Sträußen. Alles brachte sie in die „große Stadt". Mit der ihr eigenen Hartnäckigkeit schaffte sie es meist, dass jemand sie mit zur nächsten Bahnstation in Wendelsheim nahm.
Nach 29 Jahren Ehe wird sie Witwe. Zum Tod ihres Mannes sagte sie später einmal: „Der is uff de Gass gelege mit em Doppelschädelbruch. Der is nimmer zu sich komme ..." Mit seinem Tod dürfte ein dunkler Schatten von ihrer Seite gewichen sein – doch dann fügte sie noch an: „Ich weeß nit, wie er umgekomme is, das geht mir heit noch nach, dass er jetzt nimmer do is! Wenn er jetzt noch lebe dääd, der könnt es so scheen hawwe ...!"
Ihre naive Distanzlosigkeit ermöglichte es ihr im Armutsgewerbe einer Blumenfrau Beachtung zu finden. Zwingend bezwingend konnte sie sein. So leicht ging keiner an ihr vorüber. Wenn auch die Blumen nicht immer frisch und leuchtend wirkten, es gehörte bei vielen Mainzern dazu, einen Strauß bei der „Mary" zu kaufen. Vor der Hauptpost hockte sie mit ihren Sträußen in Kübeln und Kisten. Ein kleines Marketenderlager im öffentlichen Raum,

was ihr irgendwann Ärger einbrachte. Eine Ordnungsstrafe von 10000 Mark wurde ihr angedroht. Doch Maria Weyrauch konnte sich der Solidarität der Mainzer sicher sein. Von einer bodenlosen Frechheit wurde gesprochen, die Stammgäste des Wirtshauses „Schützenhof“ am Kaiser-Wilhelm-Ring sammelten Unterschriften. Die Gemüter konnten sich bald wieder beruhigen. Die „Blumen Mary“ erhielt vom damaligen Bürgermeister Weyel eine Reisegewerbeerlaubnis, damit sie auch weiterhin ihre Blumen anbieten konnte. Doch vor der Hauptpost sollte sie möglichst nicht mehr ihre Eimer aufreihen, da dies zu sehr den Fußgängerverkehr stören würde. Damals hatte sie schon über neun Jahre Blumen verkauft und gehörte längst zum Stadtbild. Nötig hatte sie den Blumenverkauf nicht mehr. Sie verfügte über eine kleine Rente und lebte bei ihrer Tochter in der Nähe von Nierstein.

Doch sie konnte es nicht lassen. Mit Pappkartons, Zeitungspapier und Plastikeimer durchzog sie weiter die Mainzer Innenstadt. Ihr Stammplatz blieb die Hauptpost, doch auch am Rande der Domplätze und am Markt tauchte sie auf. Am Abend zog sie mit den übrig gebliebenen Blumensträußen durch die Lokale der Mainzer Altstadt, auch Nachtlokale sparte sie nicht aus.

Dieses Umherziehen, diese Unruhe, teilt sie mit vielen anderen Originalen. Wie weit sie ihr Handeln überschauen konnte, muss unbeantwortet bleiben. Kleine Fluchten. Gewiss. Eine Form von Öffentlichkeit und Anerkennung durch Beachtung. Einmal sagte sie: „Wie ich ledig war, war’s nix, wie ich verheiratet war, war’s aach nix. Jetzt is die scheenste Zeit.“ Sie hatte das Glück auf der Straße gefunden. „Wenn ich in die Stadt komm, das gefällt mir gut, mit dene viele Leit.“

Im April 1990 hieß es Abschied nehmen von der „Meenzer Blummefraa“. Ein Zeitzeuge erinnert sich ein letztes Mal: „Nicht selten

machte sie gerade ein Nickerchen, wenn man an der Post in der Bahnhofsstraße vorbeiging und sie neben ihren Blumen auf der Erde sitzen sah. Viele Passanten und Mainzer kauften ihre Blumen bei ihr. Dies taten sie aus Bewunderung für ihre Standhaftigkeit, vielleicht auch ein wenig, weil sie die schlichte, blasse Frau in ihrem einfachen Gehabe bedauerten. Von nun an wird man sie vermissen. Mit ihr hat sich zweifellos auch ein Mainzer Original verabschiedet, die in unsren Tagen immer seltener werden."
Ihre letzten Lebensjahre verbrachte Maria Weyrauch bei ihrer jüngsten Tochter, einer klugen, toleranten Frau. Ohne die Vergangenheit zu negieren, ist sie stolz auf ihre Mutter, die so sehr eigen gewesen war.

Maria Weyrauch war die letzte „Blummefraa" von Mainz.

Emaillierte Milchkannen und ein vergessener Kuss

Breit schwang sich die Eichentreppe durch das düstere Treppenhaus. An der untersten Stufe kauerte die schwarze Maunz vor einem Napf mit Milch, auf halber Höhe war der einäugige Kater Franz zum Sprung bereit und am letzten Treppenabsatz fauchte die kratzbürstige Lotte die Besucher an.

Viele Stuben und Kammern hatte das Haus, handelte es sich bei dem Anwesen doch um einen ehemals adligen Hof, wie sie in rheinhessischen Dörfern allenthalben zu finden sind. Oskar und Liesel hielten sich meist in der Küche auf. Sie war winters der einzig geheizte Raum im Haus. Eine Tür führte von dort aus direkt in die Schlafkammer, die vom Küchenherd her etwas Wärme gespendet bekam.

Wenn ich Liesel besuchen ging, hüpfte ein seliges Lächeln über ihre feisten Wangen. Auf dem Küchentisch standen zwei Milchkannen, aus denen es verdächtig säuerlich roch. Es war bekannt, dass Liesel und Oskar einem guten Schluck nicht abgeneigt waren.

Noch vor Tagesanbruch stieg Oskar in den Weinkeller hinunter. Liesel stapfte bald hinterher. Jeder hatte seine eigene Milchkanne dabei. Die von Oskar war blau-emailliert, Liesels Milchkanne hatte einen leichten „Gelbstich". Durchrauschte Tage. Ein verwegenes Paar. Nebeneinander trotteten sie ins Feld hinaus. Etwas Vertrautes bestimmte ihr Zusammensein. Sie stritten nie.

Wir, die Nachbarskinder, sind gern ins Haus am „Römer" mit den grimmigen Katzen, der warmen Küche und dem im Stall böse grunzenden Gemeindeeber gekommen. Auch die klebrigen „Gutsje", die Liesel in einem hohen Glas auf dem Wandbrett neben dem Schmalztopf aufbewahrte, waren nicht zu verachten. Wie die Hexe aus dem Pfefferkuchenhaus lockte sie uns an. Dann konnte es geschehen, dass Oskar uns mit in den Stall nahm, um uns stolz die kleinen Ferkel bei der Muttersau zu zeigen. Hinterher huschten wir am Verschlag des Ebers vorbei, der so deftig stank und wütend schnaubte – selbst wenn ihm eine rosige Sau zugeführt wurde. Aus sicherem Abstand schauten wir zu. Am Ende hatte immer der Eber gesiegt und die Sau guckte blöd.

Irgendwie hatte meine Großtante Käth davon erfahren. Herausgeputzt mit einem federreichen Hut erschien sie auf dem Hof. Ich konnte mich gerade noch hinter dem Hühnerstall verstecken. Vor der Mistkaute stehend überschüttete sie Oskar mit Vorwürfen. Er würde unsere jungen Seelen mit seinen Vorführungen verderben. Geduldig hörte Oskar sich eine Weile das Gezeter an. „Ach, Käth, hosch doch früher selber gern durch die Ritze vum Bullestall gespitzelt, gell?“, unterbrach er sie dann. „Babbelsack!“ Mit ihren edlen Lederpumps hart auftretend rauschte die Käth vom Hof, um prompt in die letzte Hinterlassenschaft von Hasso, dem altdeutschen Schäferhund, zu treten, was sie mit einem saftigen Fluch kommentierte.

Ich kroch aus meinem Versteck, als Käth das Hoftor hinter sich zugeworfen hatte. Sie und ihre Kumpaninnen wurden im Dorf die „Eisheiligen“ genannt. Sie konnten den Rosenkranz beten auf Teufel komm raus, waren bigott und eben eiskalt.

Natürlich ließ die Käth nicht locker. Bei ihrer Schwester, meiner Großmutter, ging sie sich über mich beschweren. Oma sprach mir ein Hofverbot aus. „Do treibe sich nur Gassekinner rum“, lautete eine ihrer Begründungen. Nein, widersprach ich, Doktors Stefan und die Rita vom Notar würden auch zum Spielen kommen.

„Was gibt es en do zu spiele?“, echote Oma.

Die schwere Eichentreppe im düsteren Treppenhaus.

„Vum Balke ins Heu springe, mit de Ferkele kuschele, die Katze streichele, un Gespenster suche gehe im Keller!“, zählte ich auf. „Jo, do unne spuke wohl de Oskar un sei schepp Liesel als Woigeister rum!“
Ich kicherte. Eine nette Vorstellung war das. Oma beharrte auf ihrer Entscheidung. Der Oskar sei ein Struddeler und die Liesel ein faules Stück. Da dürfe ich mich nicht wundern, wenn das Läusefräulein vom Gesundheitsamt mir wieder einen Nissenkamm mitgeben würde. Mir gingen die Argumente aus. Läuse hatten wir im vergangenen Sommer in der Schule doch alle gehabt.
Fortan musste ich einen anderen Weg ins Haus am „Römer“ fin-

den. Die Gartenpforte an der Bachseite fiel mir ein. Von dort aus konnte ich ungesehen durch die Scheune auf den Hof gelangen. Einmal hatte der Eber wohl Auslauf gehabt. Das geschah eigentlich unter strenger Aufsicht von Oskar, der ihn mit einer Mistgabel bewaffnet in Schach hielt. Doch diesmal schien der Eber ein echter Freigänger zu sein. Wutschnaubend jagte er mich über den Hof. In letzter Sekunde erreichte ich die Haustür und rettete mich über die Treppe an drei verdutzten Katzen vorbei in die Küche, wo sich Liesel gerade den Rest aus ihrer Milchkanne gönnte.

„Was is en, Roswitha?“

„De Eber is los!“, stotterte ich.

Und da hörten wir es. Rumpeln und Poltern. Der Eber wütete im Treppenhaus. Beherzt griff Liesel nach dem Besenstiel, stürmte die Treppe runter und jagte den kiloreichen „Kunnes“ in den Hof hinaus, wo er gleich von Oskar in seinen Stall zurückeskortiert wurde.

„De Kunnes wollt doch tatsächlich bei uns einziehe!“, schmunzelte Liesel hinterher.

„Is gewiss noch ne Stubb fer den alte Stinker frei!“, meinte ich.

Herzhaft lachte Liesel auf: „Du wersch emol nit so en böses Klafter wie die Käth werre!“

Da konnte ich ihr nur zustimmen: „Bei der darf ich nit laut lache. Das sei nit damenhaft, sagt se dann gleich!“

Liesel begann zu kichern: „Die hot emol den Oskar geküsst!“

„Glaab ich nit!“

„Die is hinner dem her gewese, wie de Deifel hinner ne arme Seel!“

„Hinnerm Oskar?“ Ich konnte mir das nicht vorstellen. Die Käth war so vornehm abgeklärt und der Oskar ein richtiger Fleepedder.

„Mei Oskar hot danze könne wie en Brummdoppsch!“

„Un die Käth?“
„Hot kee Kerbedanz ausgelosse, Roswitha!“ Liesel griff nach dem Glas auf dem Wandbrett und fingerte ein klebriges Bonbon mit Himbeergeschmack heraus.
Als ich am Sonntag in der Heiligen Messe die Käth zwischen den anderen „Eisheiligen“, eingemummelt in ihren dunklen Mänteln in der Reihe gegenüber der Kommunionbank sitzen sah, musste ich an Oskars Kuss denken.
Irgendwann ist das Gehöft am „Römer“ abgerissen worden. Eine Breche ist so in die Dorfmitte geschlagen worden – und das ist eine Wunde, die niemals heilen wird. Da können noch so viele Brunnen plätschern und tausend bunte Tulpen blühen. Alles wirkt glattpoliert und retuschiert. Kein Hahn auf dem Mist, kein Eber im Stall, kein „Racheputzer“ in der Milchkanne drin – und auch kein vergessener Kuss.
Verschwunden ist Liesels und Oskars Welt.

Die „heilig Melitta“

Spätsommer 1958. Auf der Bank unterm Nussbaum im Garten hinterm Gresche-Haus sind die lange Sofie und die rundliche Greschen in ein Gespräch vertieft.
„Die Melitta macht sich weiter zum Gespött im Ort!“, nörgelt die Greschen.
„Jo, un ich als sei Cousine muss mich mit schäme!“ Sofie Braden hält den schmalen Mund gespitzt.
Kaffeetassen klappern und der Zimtkuchen duftet würzig frisch. Hinter dem Tannengehölz verschwindet die Sonne. In den Rabatten wuchern Margeriten und Malven ranken am Zaun. Schat-

Das Fräulein Melitta.

tige Winkel verlieren sich im Farngestrüpp. Faulig riecht der Kohl vom nahen Acker her. Die Kaffeekanne ist leer. Nur Krümel sind auf dem Backblech zurückgeblieben. Schwerfällig erheben sich die alten Frauen von der Bank.

Die Greschen zieht sich zur Dämmerstunde in die eigenen schmalen Wände zurück, wo neben dem Kruzifix in der Wandnische der geheime Tröster wartet. Unauffällig in bauchiger Flasche. In der Waschküche hat sie den Schnaps gebrannt. Bald sind die Wacholderbeeren wieder reif. Sofie hat noch die Rosenkranzandacht vor sich. Es ist Mai – und Marienmonat.

Mit raschen Schritten läuft Sofie durch die Gassen. Scheu grüßen kleine Mädchen. Dumm Kuh! brummelt sie vor sich hin als sie an Melittas Häuschen vorüberkommt. Ein Haus aus Lehm und Stroh. Stark im Wuchs rankt ein Rosenstock die Wand empor. Lässt Flammentänze ahnen. Winterhart und dornig fordert er bald den Frost heraus. Sofie folgt dem Glockenschlag, der lockend, doch nicht verlockend in ihren ein wenig taub gewordenen Ohren klingt. Ihr Schritt holt aus, ihre Gedanken purzeln. Als sie das schwere Kirchenportal öffnet, leuchtet ihr das ewige Licht entgegen und ein „Salve Regina" schallt von der Empore runter.

„Melitta! Hör uff zu plärre!" Sofie stürmt die schmale, gewundene Treppe hoch, um wie erstarrt stehen zu bleiben. Vom Geländer der Empore hängen Bettlaken runter und an den Orgelpfeifen baumeln Kopfkissenüberzüge. Es ist nicht zu übersehen: Melitta hat große Wäsche gehabt.

„Ei, ei, die Sofie! Nirgendwo trocknet mei Wäsch besser als do un bete kann ich zwischedrin aach noch!" Aus hellen Augen blickt Melitta die gestrenge Cousine an, die sich schwer atmend an der Orgelbank abstützt.

„Weg mit dem Zeug!" Schon beginnt Sofie hastig die Bettlaken zu falten. Gleich wird die Rosenkranzandacht anfangen.

„Das is mei bescht Wäsch. Mei Aussteuer!", mault Melitta.

Angeekelt blickt Sofie auf das nicht ganz so reine Tuch: „Gewiss hosch de die Wäsch wieder durch die Entebach gezoge!"

„Die Bach duud nur im Sommer stinke, un jetzt geht es uff de Herbst zu. Mei Been wäsch ich immer drin!"

„Oh, halt die Gosch!"

Ein Weibchen huscht unten am Chorgestühl vorbei, tief taucht sie den Finger in den Weihwasserkessel ein. Heimlich schielt sie zur Empore hoch, bevor sie in einer der vorderen Bänke

niederkniet. Es folgen weitere gebeugte Gestalten. Alles Frauen und mittendrin nur ein einziger Mann. Bald schallt monotones Gemurmel durch die Weite des Kirchenschiffes.
Sofie stößt ein zorniges Schnaufen aus. Da legt sie der närrischen Cousine die Wäsche zusammen und die da unten haben ihren heimlichen Spaß bei der Andacht. All das scheinheilige Gesocks. Besonders der Hannes aus der „Hintergasse", den man früher den „Bock" genannt hatte, ist ihr ein Gräuel. So was vergisst man nicht, wenn man Sofie Braden ist.
Sofie schleppt den Korb mit der Bettwäsche die Wendeltreppe runter, öffnet das Portal und eilt mit der schweren Last zum Tor des Kirchhofs hinaus. Auf schweren Beinen schleift Melitta hinter ihr her. Ein fröhliches Lied fällt ihr trotzdem ein. „Hopp, hopp, Pferdchen lauf Galopp." Sofie schäumt die Galle vor Wut.
Ach, sie kann nicht ahnen, dass Melitta wieder zum jungen Mädchen geworden ist. Sofie spürt nur die eigenen morschen Knochen. Melitta fühlt den sanften Wind eines Abends, der den Duft der Trester aus den Höfen herüber wehte.
Sie ist nicht mehr in ihrer Zeit. Das Haus mit den stillen Stuben. Im Stall stand eine Kuh und Schweine grunzten am Trog. Früh war die Mutter gestorben und der Vater fand eine neue Frau. Einen halbwüchsigen Buben brachte sie mit. Schorsch. Frühreif war Melitta und Schorsch ein hübscher Kerl. Es begann eine Liebe, wie sie das Dorf noch nie gesehen. Am hellen Tag küssten sie sich, Hand in Hand liefen sie durch die Gassen. Sollte die Welt zerspringen – sie würden weiterbestehen. Doch die Zeit hielt nicht an – der Krieg begann. Und dann?
Am Nachmittag hat sie die Wäsche im verschlammten Bach gewaschen. Er war ihr wie ein perlendes Gewässer erschienen. Er wird kommen, bald ist er hier…!
„Sofie!"

„Was is?"
„De Schorsch kimmt heit!"
„Du hosch se jo nit all!"
„Bisch nur neidisch uff mich!"
Heftig stellt Sofie den Korb ab: „Vun do, wo der is, kimmt keener mehr zurück!", plärrt sie Melitta an, um deren Mund ein sanftes Lächeln spielt. Eiligst entfernt sich Sofie. Sie wird sich die Zeit bis zum Schlafengehen mit einem Liebesroman vertreiben. Irgendwann fing sie damit an. Die Heftromane besorgt sie sich bei der Malle Kunz im Schreibwarenlädchen. Die Malle will andauernd mit ihr über die Inhalte der Liebesromane reden. Nein, das lässt Sofie nicht zu. „Alles Kappes, Malle! Das Lebe is nit so!"
Melitta pflückt eine letzte Rose, trägt sie in ihre Stube hinein. Die Katzen schnurren – und er ist bald da. Die Kinder vom Nachbarn warten hinterm Zaun, werfen mit Kieselsteinen. Sie hört das Geräusch. Er naht. Er ist da. Auf seufzt sie vor Glückseligkeit:
Melitta. Ein wundersamer Schatten durch den Abendwind huschend. Rosenbilder verschenkte sie an die Dorfjugend und im Bach wusch sie weiter ihre Wäsche – bis das Gewässer in einem Betonbett verschwand. Von ihrem Schorsch erzählte sie jedem, den sie in der Gasse antraf. Gestern habe sie ihm einen Honigkuchen gebacken und danach seien sie auf dem Rochusberg gewesen. Auf der Bank am Steinbruch hätten sie lange gesessen und auf die Inseln im Rhein geschaut. Welch ein Glück sie habe mit solch einem guten Mann. Die Leute nickten freundlich. Vor der nächsten Begegnung wechselten sie vorsorglich die Straßenseite.
Irgendwann fehlte die „heilig Melitta" im Ort. Still war sie eingeschlafen.

Die Kaue-Määd

Klara, Salome, Resel, Babette im Halbdunkel der Küche. Resel wird Licht machen, wenn sie meint, es sei an der Zeit. Resel, die Sparsame, die Naschhafte. Die große, dicke Resel. Auf ihrem vollen Gesicht lag immer ein unbedeutendes Lächeln. Ihr schwerer Schritt hallte durch das Haus. Die flinken Augen waren überall. Sie schleckte gerne Marmelade und ein wenig träge war sie auch. „Ich hab' die Hitz heit! Leg mich ebbes uff's Ohr! Wersch alleen mit dem Vieh fertig werre, Klara!" Selig schlief die dicke Resel ein.

Klara ging in den Stall die Kühe melken. Zerbrechlich wirkte sie, doch war sie kräftig genug, die starken Ochsen ins Joch zu spannen. Sie redete wenig. Verbarg sich in der Scheune, wenn sie jemanden in den Hof kommen sah. Draußen im Feld war sie am liebsten allein. Mit der Zeit gewöhnte man sich daran, dass die Älteste der „Kaue-Mädcher" etwas seltsam war, mit den Tieren sprach und die Menschen mied.

Nicht zu den Wohlhabenden im Dorf hatte der alte Kau gehört. Als eines von vielen Kindern erbte er drei Weinberge in schlechter Lage, dort wo die Sandebene beginnt. Seine Frau Elise, die Tochter vom Totengräber, hatte das Häuschen im „Wickenfeld" mit in die Ehe gebracht. Auf einen Sohn hoffte man lang. Nach Babettes Geburt kränkelte die Frau. Vier Töchter und sonst nichts.

Klara pflegte die kranke Mutter und später den gebrechlich gewordenen Vater. So blieb dem scheuen Mädchen erspart in Stellung gehen zu müssen. Das lange Verweilen an den Betten der fordernden Eltern hatte sie seltsam gemacht. Nie ein Tanz auf den Kerben, nie ein Kuss, nie ein Lob. Sie liebte die Tiere, das weite Feld, die Blumen, die Einsamkeit.

Klara, Salome, Resel, Babette. Ihre Fähigkeiten reichten aus, ein bescheidenes, aber selbstbestimmtes Leben zu führen.
Ganz dunkel ist es in der engen Küche geworden. Salome windet am letzten Kranz die Moosflechten um den Draht. Babette, sanft und einfältig, lässt die Perlen des Rosenkranzes durch die Finger gleiten. Vom Stubenfenster aus blickt Salome in die Felder hinaus. Salome, die Hübsche, die Leichte, sitzt in der niederen Stube und sieht das Licht des Tages schwinden wie die eigene Zeit. Salome, die beste Kranzflechterin weit und breit. Zerstochen die Finger, verdorben die Augen dabei. Der Hohlweg, wo die Heckenrosen blühen. Ein Sommerabend. Salome, es durfte keiner wissen. Er, der Winzersohn. Sie, die Dienstmagd. So eine stille, kleine Liebe. Musste reichen für ein Leben lang.
Ein gewisser Unmut zeigte sich in Resels grauen Augen, als man Salome zu Grabe trug. Wieder einmal Salome, die Unzuverlässige. Hielt sich an keine Abmachung. Starb vor der Zeit. Klara und Babette trauerten. Es fehlte etwas. Der Platz am Fenster blieb leer. Die Abende fielen herein, niemand achtete mehr auf das Schwinden der Zeit.
Mürrisch machte sich Resel daran, Salomes Kammer zu räumen. „Was sich do für en Zeug angesammelt hot!“, murrte sie vor sich hin. Es war ein winziger Raum im Giebel des Hauses. Neben bescheidenen Stücken einer nie gebrauchten Aussteuer, fanden sich in der Truhe längst vergilbte Briefe.
„So ebbes hot das Salome uffgehobe!“ Resel hielt ihren Schwestern das Bündel Papiere hin.
Verlegen lächelte Klara und Babette flüsterte: „All sin se dood, Resel. De Paul is vum Gaul gefalle, sei Marie hot die Schwindsucht gekriegt und aach unser Salome is gegange!“
Resel warf die Briefe ins Herdfeuer. „Jemand hot jo uffräume müsse!“, seufzte sie hinterher.

Babette, die jüngste, winzig kleine Schwester, hatte Näherin gelernt. Nicht klug wie Resel, nicht begabt wie Salome, nicht kräftig wie Klara, ging sie ihr Leben lang in fremden Häusern nähen. Eine stille Frau, die sorgfältig ihre Arbeit verrichtete. Einfache Sommer- und Winterkleidung, einmal sogar ein Brautkleid. Immer wieder erzählte Babette von diesem Hochzeitskleid. An ein eigenes hatte sie nie gedacht.
„De Vadder hot gesagt, Mädcher, bleibt zusamme, dann muss nit geteilt werre!", erinnerte Resel, „un doran hawwe mir uns gehalte!"
„Es hot uns aach keener hawwe wolle!", erwiderte Babette leise.
Eines Morgens in der Frühmesse fiel Babette aus der Bank. Ihr Herz stand still. Es fehlte die Näherin im Dorf, die an so vielen Tischen gesessen und freundlich um Kaffee gebeten hatte.
Einsam begann es zu werden im Haus im „Wickenfeld". Klara schaffte die Tiere ab. Resel hatte Schwierigkeiten mit den Augen, tastete umher, stieß mit ihrem massigen Körper überall an. Konnte nicht mehr recht die Preise der Sämereien und Pflanzen erkennen, die sie auf dem Markt der nahen Kreisstadt verkaufte. Irgendwann, uneingeladen, wurden Verwandtschaftskinder vorgeführt. Gierig nahmen die Augen der Erwachsenen alles auf, was sich im Haus angesammelt hatte. Resel schaute bitterböse. Sie roch den Braten. Klara verbarg sich. Müde geworden starb sie vor Weihnachten im Krankenhaus.
Schwer war der Weg der Resel Kau geworden. Im einsamen Haus redete sie mit sich selbst. Altersheim! Sie wartete ab. Der Schlag traf sie im Bett. Ein guter Tod für die starke Resel. Die Gemeinde pflegt das Grab an der Friedhofsmauer für dreißig Jahre. Dafür hatte die schlaue Resel gesorgt. Den Kram zusammengehalten – über die Zeit hinaus.

Fräulein Spohn

Mitte der fünfziger Jahre hatte am Ortsrand das „Café Paff“ eröffnet. Ein gemütliches Speiselokal, das täglich einen Mittagstisch anbot.
Um die Mittagszeit fanden sich neben den Lehrerinnen der Volksschule auch etliche örtliche „Lebemänner“ ein. Laut ging es am Tisch der Herren zu. Die Lehrerinnen blieben unter sich. Es waren dies die Wanderfreundinnen Meininger und Kammerer, die launische Bessler aus der Simultanschule, Fidelis Haas, die in ihren letzten Dienstjahren stehend im Unterricht einzunicken pflegte und Fräulein Spohn, dem „Nordlicht“ in dieser Runde. Anfangs hatte sie ihren Dienstantritt in dem rheinhessischen Dorf als Verbannung auf Zeit angesehen. Das war schon eine Weile her. Doch regelmäßig mit dem ersten Ferientag zog es sie zu den Nichten und Neffen ins Oldenburger Land.
Ein deftiges Mittagessen. Schweinebraten, Knödel und Rotkraut wurden von der „Haustochter“ Heidi aufgetragen. Ein properes Mädchen, das die Männerrunde zu schlüpfrigen Witzen anstachelte. „Fräulein Heidi!“, säuselte der Kaufmann Scholl, der auf seiner Stirn beinahe „Prokura“ stehen hatte, so oft erwähnte er seine Stellung in der Kartonagenfabrik. Heidi lächelte drüber weg. So lange ihr keiner zu nah kam, war ihr das Geschwätz egal.
Am Tisch der Lehrerinnen trug Heidi gar nicht gerne auf. Die kleine, leicht verwachsene Meininger, ließ ihre entzündeten Augen streng auf ihr ruhen, die nervöse Kammerer scharrte mit den Füßen wie der Gaul im Stall. Ihren Gehstock stellte sie so rücksichtslos ab, dass Heidi schon mehrmals drüber gestolpert war. „Hosch de kee Aa im Kopf!“, musste sie sich dann vom Fräulein Lehrerin anraunzen lassen. Die Bessler schien immer das letzte Wort haben zu wollen, sonnte sich in ihrem Oberleh-

rerinnenglanz und Fräulein Fidelis Hahn döste zwischen Suppe und Hauptmahlzeit ein. Handzahm war sie geworden – doch drüben am Männertisch hockten etliche, die sie hatten in der Blüte ihrer pädagogischen Vollreife erleben dürfen. Da zischte der Rohrstock, da klopften die Kopfnüsse an. Sie war als „Giftschisserin“ verschrien gewesen. Fräulein Spohn benahm sich höflich zurückhaltend. Beinahe hübsch war sie zu nennen, wenn nicht die kreuzbrave, weiße Bluse gewesen wäre, die ihre Weiblichkeit vollkommen neutralisierte.
Gute Tischsitten waren für Fräulein Spohn selbstverständlich und gerade solche ließen die Herrn am Nebentisch reichlich vermissen. Es wurde geschlürft, geschmatzt und gerülpst. Der Spediteur Bungert, ein echter „Druseklumbe“, kugelrund und feist, stach selbst in dieser rauen Schar durch sein lautes Gebaren hervor.

Geachtet, geliebt, gefürchtet - und allein:
Volksschullehrerinnen in den 50er-Jahren.

Unlängst kaufte er sich einen dritten Lastwagen und mit der Tankwartin aus der Vorstadt gönnte er sich ein Techtelmechtel. Er fuhr ihr das Heizöl in 20-Liter-Kanistern zur Kundschaft aus. „Ich bin de Annelie ihr Mäzen. Die zwee Zapfsäule fer normales Benzin un fer Super-Shell sin uff meinem Mist gewachse!“, prahlte er ungeniert. Er war als Maulheld bekannt, hatte sich hochgeschafft aus der Armut der elterlichen Hofreite hinterm Dorfgraben. Gerade rülpste er herzhaft seinem Schweinebraten hinterher.
Die Lehrerinnen am Nebentisch versuchten mit versteinerten Mienen über die Peinlichkeit hinweg zu schweigen – bis auf das Fräulein Spohn. „Aber Herr Bungert, das tut man doch nicht!“, erhob sie ihre helle, klare Stimme. Der fidele Rülpser schaute sie aus verquollenen Augen an: „Soll ich es noch emol mache?“ Fräulein Spohn verschlug es bei solch derber Ungezogenheit die Sprache – und gewiss auch den Appetit.
Später sah man sie sich mit dem Wirt unterhalten. Er, ein gelernter Konditor, verschönerte gerade eine Sahnetorte. Er schätzte die Anwesenheit der Lehrerinnen beim Mittagstisch. Das war gut fürs Renommee, denn die Ortsrandlage machte es ihm nicht leicht. Auf die Freibadsaison hoffte er. Dann konnte er sein selbstgemachtes Speiseeis verkaufen. Das Schwimmbad lag in Sichtweite vom „Café Pfaff“.
Heidi räumte die Teller am Männertisch ab. Stieren Blickes folgten die Herrn ihren Bewegungen. „Was hot en die Spohn vum Paffe Willi gewollt?“, wagte sich der Weinkommissionär Müller vor. Heidi zuckte mit den Achseln. Da räusperte sich Spediteur Bungert: „Die will mir mei Verdauung vorschreibe, Heidi!“
„Wieso?“
„Ich hon en Bäuerche gemacht!“
„Das gefällt der nit, gell?“
„Nee, so etepetete wie se is!“

„Lehrerkränzchen“ in den 50er-Jahren.

Heidi nickte: „Ich glaab, die is sich beschwere gewese!“, flüsterte sie ihm zu.
„Un?“
„Ab morje bleibt ihr unner eich! Die gehe ins Separee!“
„Jo, soll der Fischkopf sich verkrieche!“, brummelte Bungert. Die Entwicklung gefiel ihm nicht. Spaßbremse, die fade Dame. Sollte sich nicht so anstellen. Hockte sie doch in dem Kabuff beim Bertram Fritz beinahe über dem Kuhstall – ja, ein Klavier hatte sie sich aufstellen lassen und klimpern tat sie auch darauf. Am kommenden Tag nahmen die Lehrerinnen ihren Mittagstisch im Nebenraum vom „Café Paff“ bei geschlossener Ziehharmonikatür ein. „Clausura“ hatte der Lokalredakteur Kunz auf ein Pappschild geschrieben. Es baumelte etwas verloren an der Türklinke.
„Ach, die Boozhämmel do!“, erzürnte sich Fräulein Bessler. Die Wanderfreundinnen verzogen keine Miene und Fidelis Hahn fielen die Augen zu. Bitter stieg es Fräulein Spohn auf. Ja, wir sind eine klausurnierte Gemeinschaft! Wie eine traurige Wahrheit setzten sich die Worte in ihren Gedanken fest.

De rot Pedder

Von der Gasse zurückweichend befand sich das Haus der Witwe Pertgen. Ein lehmgestampfter Hof, Hühner kratzten im Sand. Sonne fiel schräg gegen Mittag ein. Die Pertgen lebte von der Pension, die ihr der Schrankenwärter hinterlassen hatte, als er an einem ganz gewöhnlichen Tag vor den Zug gefallen war. Liesel Pertgen konnte es ertragen. Die letzte Schnapsflasche leerte sie auf dem Mist aus. Gepflegte Ruhe kehrte ein im Haus.

Das da ein Bub im „Pertgenhaus" aufwuchs fiel nicht weiter auf. Dünn und scheu huschte Peter von der Schule heimwärts. Ängstlich besorgt, den Kopfnüssen des Stange Alfons und der Spucke vom Gundlach Schorsch zu entgehen. Er verschwand im Höfchen. Die Pertgen wartete schon auf ihn. „Hosch de Schnuppe? Putz dei Nas, Pedder!"

Am Nachmittag spielte er im Garten hinterm Haus, fing Schmetterlinge, zerlegte sie sorgfältig, lockte Ameisen in Marmeladenfallen und die Liesel blickte verzückt vom Fenster herab auf den roten Schopf des Wesens unter dem blühenden Apfelbaum.

„Du bisch mei Einziger, dich behalt ich fest!", schwätzte Liesel, wenn sie in guter Stimmung war. Er schlich in den Garten und scheuchte Vögel auf.

Beim Flickschneider Reimann ging er in die Lehre. „Mei Bub soll im Warme hocke!", lautete Liesels Erklärung.

Schmächtig und scheu saß er unter den Gesellen auf der breiten Tischplatte. Seine unbändigen roten Haare standen ab, wenn auch die Mutter viel Butter hineinschmierte, die gegen Abend ranzig roch.

„Pedder, hosch de schunn emol en Mädche geküsst?", neckte ihn der Geselle.

Ein Sonderling und Eigenbrödler – de rot Pedder.

„Dovun halt ich nix!“, näselte er sich tiefer über den Stoff beugend.
„Dass Malche vum Sattler Erlach, dass mit de dicke Buchtele! Is die nix?“
Peter stach sich mit der Nadel in den Finger. Er träumte vom Malchen fortan. Überall begegnete er ihr. Am Bach, auf der Bleiche, im Reilpfad. Ihm schwirrte der Kopf. Die Mutter ließ ihn beten: „Oh, Herr, führe mich nicht in Versuchung!“
Wegen seines krummen Rückens war Peter für den Krieg nicht zu gebrauchen. Er flickte und nähte geduldig und ordentlich. Sein Meister lehnte sich zurück. Dem Peter steckte er ein paar Bratäpfel zu. Sommerhitze im Mai. Peter stand an der Flak am „Galgenberg“

über dem Dorf. Der Krieg hatte das Dorf verschont. In der Gasse rannte ihm seine Mutter entgegen. „Bub, Bub bisch de noch am Lebe?“ Sie fielen sich in die Arme – und die Sonne brannte auf die leere Dorfstraße.

Liesel Pertgen starb schon übers Jahr.

Wie ein Gespenst begann Peter durch den Ort zu ziehen. Überall tauchte er auf. Die Gasse wurde seine Welt. Sein Bart wuchs, sein Haar verfilzte. Dreckig, zerlumpt, einen Sack mit sich schleppend, schleifte er durch den Tag. Alles sammelte er ein. Kinder fürchteten sich vor dem schmutzigen Mann. Von was er lebte, blieb lange ein Geheimnis. Nach und nach wurde bekannt, die Liesel habe kräftig geerbt und Goldmünzen versteckt gehalten unter den Holzbohlen der Küche. Die Bretter verbrannte Peter im ersten Winter schon. Am Grab der Mutter wurde er nie gesehen. Unkraut wucherte, verdorrtes Gras wuchs am Rand.

Auf der steinernen Bank vor dem Rathaus hockte er. Seinen Jutesack hatte er neben sich abgelegt. Das Malchen sprach ihn an: „Wenn dich so dei Mudder sehe dääd, Pedder!“ Peter zeigte grinsend schwarze Zahnstümpfe. „Ich hon vorgesorgt. De Riegel liegt vor de Tür. Ich will die nit mehr. So gefallt es mir besser heit!“, erwiderte er mit stockender Stimme.

Er lief durch das Dorf, straßauf, straßab. Plötzlich konnte er in einem der Höfe auftauchen, stumm und ernst eine Weile vor sich hinstieren, um dann wieder zu verschwinden. „De rot Pedder war do!“, hieß es hinterher.

„Pedder, komm emol rin! Ich spendier dir ne Bier!“, rief der Stellmacher Molitor aus seiner Werkstatt raus. Ein grober Kerl war er. Sein junges Weib von leichter Art. Peter folgte seinem Ruf. „Ich hon en Gast, Annegret!“, plärrte der Stellmacher zum Küchenfenster rein. Aufgeregt eilte das Weibchen in den Hof hinaus. Gespannt schaute der Stellmacher hin.

„Schaff mir den Kerl weg, sonst laaf ich uff de Stell heem zu meiner Mudder!“, schrie Annegret entsetzt, als sie den Peter gewahr wurde. Peter sah ihr weißes Fleisch, lockend fest, und klatschte ihr einen Kuss auf den Mund. Annegret fiel einfach um. Verträumt erfreut verließ Peter den Hof des Stellmachers.
Winter war es geworden und er mochte diese Zeit nicht. Die Holzbohlen im Haus waren längst verheizt. Er verkroch sich zwischen Säcken und Lumpen in seinem Bett im Verschlag neben der Küche. Geschlossen waren die Höfe. Eiseskälte hielt alles im Würgegriff. Als man ihn fand, war der Winter vorüber und er schon lange tot. Der Riegel lag vor der Tür.

Handkuss

Geschickt hantierte Adele mit Filz, Stroh, Pelz und Leder. Perfekt verstand sie sich auf das Anbringen von Knicken und Vertiefungen, war sie doch „die“ Modistin und ihre Kundschaft hatte sie nicht nur vor Ort. Hüte mit gewagten Kreationen waren erwünscht im Wirtschaftswunderland.
Ihr Gatte Gustav brachte die Pakete und Hutschachteln zur Bahn, kochte hin und wieder ein Kartoffelsüppchen für sie, massierte ihr den Nacken, wenn sie wieder einmal vor Erschöpfung in den Schlaf nicht finden konnte. Ihre Ehe war kinderlos geblieben, zum Kummer der alternden Adele, die ihren hart erworbenen Wohlstand nicht verschleudert sehen wollte. Gustav verschwendete daran keine Gedanken. Zu viel Endlichkeit steckte darin – und er lebte gern.
In seinen mittleren Jahren entdeckte er die Kreativität. Im Schuppen hinterm Laden richtete er sein „Atelier“ ein. Es roch

nach Terpentin und Ölfarben. Er malte alles. Rheinlandschaften in prallen Farben. Wuchtige Gebirgspanoramen. Kapellen zwischen Rebenhängen. Blasse Aquarelle. Düstere Kohlezeichnungen und plakative Ölgemälde. Er fand seine Abnehmer. Manch schlichtes Madonnenportrait wurde von der Wand genommen, oder der helle Fleck, wo vordem der „Führer“ seinen Platz gehabt hatte, zierte nun ein echter „G.K.“
Gustav beherrschte auch die Kunst der schönen, leeren Wörter. Adeles Kundinnen wussten seine Honneurs zu schätzen. Da konnte ein Gestell noch so garstig sein, er fand ein charmantes Wort für sie. Ja, er hatte den Handkuss im Dorf eingeführt. Allerdings wurde diese Geste weiterhin nur von ihm allein praktiziert. Manche Kundin hielt die Hand schon hin, wenn er ihr die Ladentür öffnete. Ein Charmeur, ein Windhund, ein Posierteufel! Aus der Reihe tanzte er. Waren seine Brüder doch handfeste Küfer und Maurer. Adele lächelte darüber weg. Ach, sie wusste was sie an ihrem Gustav hatte – und sie hatte ihn wirklich gern.
An den vier Adventssonntagen wurde in der Winzerhalle Theater gespielt. Hannelore, die Tochter vom Milchhändler, gab die „Geierwalli“ und er den Jäger in Knickerbocker und Trachtenjacke. Für die mollige Hannelore bedeutete das Theaterspielen Abwechslung im Alltag zwischen Nierentisch und Milchkannen. Den Herbst über hatten sie wöchentlich einmal in der Winzerhalle geprobt. Hannelore war ganz süßes Mädel. Eine Bessere hätte man nicht finden können in der ganzen „Cäcilia“, dem katholischen Gesangsverein. Darin waren sich Lehrer Müller und Gustav einig. Neben seiner Jägerrolle war er auch für die Kulissenmalerei zuständig gewesen. Ein kräftiges Alpenglühen hatte er fertiggebracht. Lehrer Müller war der Spielleiter und achtete streng auf Textsicherheit.
Eines Abends nach der Probe schenkte Gustav seiner „Geier-

walli“ ein Edelweiß aus Elfenbein. Das hatte er unter Adeles Accessoires im Laden gefunden. In Öl malte er Hannelore auf Leinwand. Hüllenlos zierte sie die Wand seiner Ateliers. Adele verzog den Mund. „An der hängt jo schunn alles runner!“, meinte sie, die üppigen Formen begutachtend. „Nein“, belehrte er sie, „sie verfügt über den Goldenen Schnitt!“

„Meinetwegen!“, entgegnete Adele. Sie wusste längst um sein Geheimnis. Hatte sie doch beim Einkauf im Milchladen das Edelweiß am Band an Hannelores Hals entdeckt. Er brauche Inspirationen, sonst verkümmere sein künstlerisches Ich, hatte er ihr einmal anvertraut.

Die Liebschaft endete nicht mit dem letzten Vorhang beim Theaterspiel. Er unternahm Wanderungen in die Vorholzwälder mit ihr. Erzählte ihr vom Mysterium der Natur, vom Rauschen und Raunen der Wälder. Er hörte etwas schlecht. Sie lief neben ihm auf müden Beinen her. Der Abend nahte und die Nacht verschluckte sie. Verschneite Rosenbeete wollte er ihr malen. Adele murrte: „Nachtschleicher!“ Irgendwie fand sie, er übertreibe – diesmal.

Als die Krankheit bei Hannelore festgestellt wurde, war sie schon verloren. Sie sollte seine letzte Versuchung gewesen sein. Mit Schwärmereien hielt er sich fortan bei Laune. Da gab es die Fabrikantengattin, die bei ihm Malstunden nahm und der er anschließend die Villa mit filigranen Goldborden verzierte. Bei einer zierlichen Verkäuferin im „Seifen Platz“ am Markt kaufte er sein Rasierwasser und mit der aparten Weinprinzessin tanzte er einen Walzer beim Winzerfest.

Jahre vergingen. Hüte waren aus der Mode gekommen. Adele hatte ihren „Salon“ aufgegeben. Mit ihrem Gustav wollte sie noch viel erleben – doch schon zeigte sich ihre Demenz. Sie

wurde dünn und dünner. Ein schwarzes Vögelchen, das nicht mehr zwitschern wollte. Er sorgte für sie und manchmal traf sein Blick das Bild im Winkel neben dem Eingang zum Atelier. Die Schöne mit der weißen Haut verblasste auf der Leinwand. Warum hatte er niemals Adele gemalt? Als rassiges Weibchen in einem verzauberten Wald. Zu spät.
Als flotter Witwer durchstreifte Gustav den Ort. Wie ein Pfau schlug er sein Rad vor beinahe jedem weiblichen Wesen. Rette sich wer kann. Schnell in den Reil abgebogen. Der alte Geck. Ja, seine Handküsse waren nicht mehr angesagt. Gustavs Welt verstaubte wie die Hüte mit den bunten Federn und den breiten Borden.

Schwester Maria Viola

Zum Gebäude gehörte ein trister Hof – kein Baum, kein Strauch, ein öder Sandkasten und schlaff hing die Schaukel in den Seilen. Zwei Stufen führten in den von vier hohen Fenstern erhellten Saal im Erdgeschoss. In langer Reihe waren die Kindertische mit ihren Bänken aufgestellt. Ein gusseiserner Ofen, von einem Absperrgitter umzingelt, heizte im Winter gegen die Kälte an.
Die Betreuung der 130 bis 140 Kinder aus dem Winzerdorf oblag Schwester Maria Viola vom Orden der Göttlichen Vorsehung. Ihre Körperfülle unter dem schwarzen Habit verbergend, besetzte sie den Stuhl am Eingang zum Saal. Aus kleinen Augen guckte sie. Nichts konnte ihr entgehen. Ihr Adlatus war das sommersprossige Fräulein Ingrid, das von uns „Rotfuchs“ genannt wurde. Eine derbe Person, die wenig Herzlichkeit verströmte und schon einmal „hinlangte“, was eigentlich ihre Kompetenz überschritt, denn einzig Schwester Viola vertrat die Executive

„Kinnerschul“

in der „Kinnerschul“. „Finger auf den Mund, denn das Schweigen ist gesund“, lautete ihre Lieblingslosung. Mit einem kleinen Stöckchen tupfte sie auf die Schulter der „Unartigen“.
Eine breiige Süße ging von Viola aus. Sie ließ in ihrer wuchtigen Autorität keine Nähe zu uns Kindern aufkommen. Umso lebhafter kokettierte sie, wenn der junge Kaplan erschien, oder der strenge Pfarrer höchstpersönlich vorbeischaute. Beinahe in Panik geriet sie dann – ansonsten waren ihre Wutausbrüche sensationell. Mancher erinnert sich noch heute daran.
Zwischen 8:00 und 9:00 Uhr am Morgen trafen wir ein. Um den Hals hing uns das Kindergartentäschchen, worin sich die Verpflegung befand. Die Teeflasche trug häufig die Aufschrift „Dujardin“ – der Flachmann galt als praktisch gut.
Nach dem Morgengebet folgte das Singen eingeübter Lieder. Wir leierten die Melodien runter und auch die Märchen, die uns der „Rotfuchs“ vorlas, erzeugten wenig Begeisterung. Fräulein Ingrid lispelte sehr. Mit Falt- und Handarbeiten setzte sich die Morgenbeschäftigung fort. Zwischendrin erfolgte der Hofgang. Wild rannten wir durcheinander bis der „Rotfuchs“ eingriff. Im

Kreis hatten wir uns aufzustellen, um uns einen Ball zuzuwerfen. Ich dachte an mein „Hickelhäuschen“ in Großmutters Gasse, aber den Kindergartenhof durften wir nicht „beschmieren“ – und wie gerne hätte ich „Klickerles“ gespielt, doch Schwester Viola hatte es verboten. Sie witterte darin ein Glücksspiel, das uns gierig machen würde.
Es gab im Saal auch Plätze für Privilegierte. Hufeisenförmig angeordnet waren dort die Tische. Violas Lieblinge hielten sie besetzt. Lehrer, Sparkassendirektoren, Bahnbeamte waren deren Väter. Die „Klickerrollbahn“ kam nur an diesen Tischen zum Einsatz. Neidvoll schauten wir hin.
Die Langeweile diktierte das Stundenmaß. Um 11.00 Uhr wurde das morgendliche Schlussgebet gesprochen. Wir durften heimwärts ziehen, um nach dem Mittagessen wieder zu erscheinen. Um 16.00 Uhr machte die „Kinnerschul“ zu.
In Großmutters Garten saßen wir, Rosemarie, Monika und ich auf der hohen Mauer. Der Pflaumenbaum streckte seine Zweige aus. Heitere Gemütlichkeit. Keine Viola tippte uns mit ihrem Stöckchen an und die Katze schnurrte neben uns im letzten Tageslicht. Kindheitszauber – jenseits des großen Saals. Morgen früh würden wir wieder in Richtung Grabengasse mit dem Täschchen um den Hals ziehen.
Es sind keine sonnigen Erinnerungen, die sich mit der Kindergartenzeit verknüpfen. Zu sehr war es eine Kinderbewahranstalt. Auf individuelle Bedürfnisse konnte keine Rücksicht genommen werden. Ein gehorsames Kind war ein braves Kind. Rosemarie, Monika und ich galten als frech und dumm.
Einmal forderte mich Viola auf zu ihr in den Raum neben dem Saal zu kommen. Ein für uns verbotener Ort, worin Viola ihrem Hobby nachging. Geschmackvoll gestaltete sie den Altarschmuck der Dorfkirche. Blumenbuketts in prächtiger Ausführung waren es.

Sie stand im Ruf kunsthandwerklich sehr begabt zu sein. Jetzt war ich mit ihr allein in der Stube, eigentlich einer Rumpelkammer, vollgestopft mit Kisten, Schachteln, Vasen, Klebstoffen und Bändern. Energisch hielt sie mir ein Buch mit Heiligenlegenden hin. „Do guck!“ Zögernd griff ich nach dem Buch.

„Un?“

Ich verstand die Frage nicht.

„Mach schunn!“

„Was?“

Sie deutete auf den Buchumschlag. „Was steht en do druff?“

Mit stockender Stimme buchstabierte ich den Titel. „Au..s dem Le..ben der Hei..li..gen“.

Sie riss mir das Buch aus der Hand.

„Woher kannsch de das, Rita?“

„Was?

„Was de ebe gemacht hosch?“

Eine gefährliche Anspannung herrschte im Raum. Die breite Masse vor mir atmete schwer. Dann brach es zornig aus ihr heraus. „Wer hot dir das beigebracht?“

„Mei Oma!“

Hörbar stieß sie die Luft aus. „Die hot wohl nix Besseres zu duun?“

„Doch!“, widersprach ich.

„Sei still!“

„Ihr habt gefragt?“

„Hochmut kommt vor dem Fall!“, höhnte sie mich aus dem Raum stupsend. Im Saal wurde ich vom „Rotfuchs“ abgeführt – zum Tisch hinterm Ofen brachte sie mich hin. Die Strafbank. Stinkliesel und Läusekath breiteten dort ihre blödsinnige Teilnahmslosigkeit aus. Violas Anstandsregeln galten in dieser Ecke nicht. Schienbeintreten und Armzwicken waren angesagt.

Schwester Viola im Kreise ihrer Schützlinge.

Seit jenem Tag schien mich Schwester Maria Viola zu belauern. Bücher hatten in meiner Nähe nichts zu suchen. Meine bescheidenen Lesekenntnisse durften nicht auffallen. Ihrem persönlichen Wunderkind, einem talgigen Knaben vom Klickrollbahntisch gestand sie solches zu. Sein Vater war Vorsitzender der Kolpingbruderschaft.

Die Kindergartenzeit ging vorüber. Eingeschult waren wir. Hula-Hoop-Reifen ließen wir kreisen und über den Hosen trugen wir keine Röcke mehr. Bücher mochte ich sehr und so besuchte ich eifrig die „Borromäusbibliothek“. Eines Abends traf ich in der Ausleihe Schwester Viola an. Während sie meine ausgeliehenen Bücher zurücknahm, wollte sie wissen: „Un hosch de noch richtig lese gelernt?“ Die Worte prallten an mir ab. Ich hatte gerade Karl May entdeckt.

„Der schickt mich, um Eich zu gratuliere"

Winzig von Gestalt trippelte sie in ihrem weiten, dunklen Mantel und dem unvermeidlichen Capothütchen durch die Gassen des Städtchens. Den Namen „Jerusalems Mariechen“ hatte sie sich durch Pilgerfahrten in jungen Jahren erworben. Auf diese Weise hatte sie sowohl das Heilige Land als auch den Wallfahrtsort Lourdes kennengelernt. Finanzieren konnte sie ihre Unternehmungen durch den Verkauf des Elternhauses.

Später fand die nun mittellose Frau einen Gönner, der sie in seinem Hause hatte wohnen lassen. Es wurde sich um sie gekümmert, entstammte Mariechen doch einer alteingesessenen Familie und war mit etlichen Leuten im Ort verwandt. Als Gegenleistung für freies Logieren fegte sie an den Samstagen die Gasse vor dem Haus. Sie tat es mit großer Ausdauer. Hier ein Schwätzchen, da ein freundliches Wort. An Mariechen ging keiner nur so vorbei.

Einmal sagte der Schmitte Heiner zu ihr: „Marieche, beim Peile Kurt duud heit gefeiert werre!“

„Was gibt’s en do?“, horchte Mariechen auf.

„Hochzeit! Geh’ gratuliere!“

Mariechen verschwand mitsamt ihrem Besen und der Schippe im Haus, um nach einer Weile beim Winzer Peil im Hof zu erscheinen.

Festlich waren Haus und Hof geschmückt. In der „Gut Stubb“ saß das Brautpaar mit seinen Gästen am Tisch. Der Hochzeitsschmaus war in vollem Gange. Es dampfte aus den Schüsseln, Braten in Burgundersoße wurde aufgetragen. Ohne Scheu schob sich Mariechen zum Hochzeitspaar vor. „De Schmitte Heiner duud mich schicke, um Eich zu gratuliere!“, sagte sie ihr

Sprüchlein auf. Die Hochzeiter bedankten sich, kannten sie das Mariechen schon seit Kindertagen her. Der alte Peil bat Mariechen mit in die Küche zu kommen, wo ihr das mitgeführte Körbchen mit Leckereien gefüllt wurde.
Zurück in ihrer kleinen Stube ließ sie sich die Tortenstücke schmecken. „Gute Butter“ schmeckte sie raus. Ja, sie war eine sanfte, liebenswerte Schnorrerin. „Ich bet fer Eich!“, beschied sie ihren Wohltätern.
Um ihre Person ranken sich viele heitere Episoden. Ihre einfache, direkte Art muss entwaffnend komisch gewirkt haben. So soll sie ihrem Hauswirt gemeldet haben, dass ihr Bett heruntergebrochen sei. Er meinte, das mache nichts aus, sie könne mit der Matratze auch auf dem Boden schlafen, worauf sie geantwortet haben soll: „Das geht nit, do steht mei Dippche!“
Maria Hassemer, das „Jerusalems Mariechen“, verstarb hochbetragt in ihrem Heimatort.

Ein Stück Kuchen für die Gratulanten.

Der Eislaufkünstler

Froststarrende Nächte hielten den Winter fest. Tief verschneit, das rheinhessische Hügelland. An den Hängen über den Dörfern entstanden famose Schlittenbahnen. Rau ging es dort zu. „Bahn frei“, lautete die Parole, und wer nicht spurte, dem wurde mit „Einseifen“ gedroht. Einige grobe Kerle, wie der Martin aus der Hintergasse, oder der Erich aus der Siedlung am Ortsrand, hatten das Sagen. Doch „Platzhirsch“ blieb Geyers Otto – der mit seinen 15 Jahren schon eine Freundin hatte. Manon. Sie wartete in ihrem pelzverbrämten Wintermantel und der gestrickten bunten Mütze vor dem „Kapellchen“ und jubelte ihrem Schatz zu, wenn er auf dem Schlitten liegend sich den Hang hinabstürzte. Holzschlitten mit scharfen Kufen waren es und nur die Buben lagen auf dem Schlitten. Die Mädchen fuhren ausnahmslos im Sitzen. Manon und ihre Freundinnen bewunderten die Abfahrten ihrer individuellen Helden.

Es war ein eiskaltes, wunderbar verwegenes Vergnügen. Längst waren die Füße in den nicht wasserdichten Schuhen nass geworden. Halb erfroren kehrte man in der Dämmerung von der Schlittenbahn zurück. Über Nacht mussten die Kleider an der Stange über dem Herd trocknen. An den Fenstern blühten Eisrosen. Gleich am kommenden Tag ging es wieder zum Hügel hoch – so lang wie der Winter mitspielte.

In einer Senke unterhalb des Schlittenhügels hatte sich vor der Flurbereinigung in den 60er-Jahren ein Teich befunden. Jeden Sommer trocknete das Gewässer aus, doch im Winter zeigte sich ein guter Wasserstand. Starr umstanden Binsen und struppiges Wintergras den zugefrorenen Teich. Auf der Eisdecke war von den großen Buben eine Schleifbahn angelegt worden. Stürze auf das harte Eis endeten mit blauen Flecken – und in einem Fall mit einem Armbruch.

Natürlich war Otto der König der „Schleife“. Er rannte an und zischte über das Eis bis er von den Binsen am Böschungsrand gestoppt wurde. Ein langer, schlaksiger Junge. Er würde noch in diesem Jahr die Volksschule verlassen und Bäcker lernen.
Bei Martin und Erich hatten jetzt auch die Mädels „angebissen“. Die rothaarige Bärbel himmelte den feisten Erich an. Auf Martin hatte es die zapplige Marlene abgesehen. Wenn die Abendschatten ihr blaues Licht in die Kälte schickten, saßen sie auf ihren Schlitten unter dem kahlen Nussbaum am Teich.
Bei eisigem Ostwind erschien am Sonntagnachmittag ein schmächtiger junger Mann am Tümpel – Dieter. Er zog seine Schlittschuhe an, richtige Schlittschuhe waren es, nicht solche, die an den Schuhen aufgeschraubt wurden. In eleganten Schwüngen lief er über das Eis. Geschwind, beinahe schwebend zog er weite Kreise, ein gleitender Tanz. Er konnte springen und Pirouetten drehen. Staunend schauten wir zu. Dieter tanzte auf dem Eis.
Er war ein feiner Junge. Leicht verträumt. Friseur hatte er gelernt und seine Dauerwellen wurden gelobt. Es hieß, er habe eine Braut. Eines der Lehrmädchen sei es. Ja, drüben am Hang wartete sie, die Heidemarie, mit dem Pudel vom Friseur. Otto verzog verächtlich den Mund. So viel ihm nicht geltende Aufmerksamkeit konnte er schlecht ertragen. Er nahm seine Manon in die Arme. Sie küssten sich. Erich versuchte es bei Bärbel. Sie strahlte ihn an und zwei kalte Lippen trafen sich. Marlene lächelte Martin zu. Er getraute sich nicht.
Ein schimmernder Bogen Licht. Wolken zogen auf und kalter Nebeldunst. Winterreif in den Binsen am Teich. Dieter merkte wohl, welches Aufsehen er erregte und strengte sich sichtlich an. Seine Sprünge wurden gewagter. Eine Reihe ineinander geschlossener Kreise lief er mit einem Fuß abstoßend, den an-

dern gleitend nachziehend. Es folgten halbe Bögen, die fast ins Unendliche getrieben zu werden schienen. Plötzlich plärrte Otto los: „De Eislaufkünstler vum Katzeloch!“ Manon kicherte und die anderen lachten. Man machte sich über den Friseur lustig.

„Hüpf noch emol in die Höh!“

„Jo, mach de Bock!“

„Dieter, hopp, hopp..!“

Er hörte das Geschrei und einen Moment der Unaufmerksamkeit führte zum Sturz. Den eingefrorenen Ast im Eis hatte er übersehen.

„De Eislaufkünstler vum Katzeloch hockt uff em Arsch!“, rief Otto. Schallendes Gelächter folgte. Es wurde Hopp, Hopp, Bock, Bock… und immer wieder „De Eislaufkünstler vum Katzeloch“ geschrien.

Dieter fuhr an den Rand des Teiches. Er wechselte die Schlittschuhe gegen seine Stiefel aus – und das Mädchen mit dem Pudel folgte ihm. Nie wieder zog Dieter die Schlittschuhe an, doch „Der Eislaufkünstler vum Katzeloch!“ blieb an ihm hängen – sein Leben lang.

„Giftiger Pilz“

Rosenmontag und Schneeregen fällt. Als Fliegenpilz verkleidet macht sich Hanni auf den Weg zum Kindermaskenball im „Apostelhof“. Unter dem getupften Röckchen trägt sie eine schwarze Bleyle-Hose. Sie fühlt sich als ein ziemlich verdorbener, harmlos versumpfter Pilz. Wie sie dieses Kostüm hasst! Die Mutter hat es ihr aufgedrängt. Auf dem Speicher hat es in einer Truhe gelegen. Es muss aus dem Nachlass der Tante Resel stammen,

Die kleine Hanni im ungeliebten Pilz-Kostüm.

einem Fassenachts Urgestein. Als „Resel von der Alm“ soll sie jeden Saal zum Toben gebracht haben. Dieses Jahr haben sie ihrer in den Kappensitzungen unaufhörlich gedacht.
Wie gerne wäre Hanni als Squaw mit schwarzer Langhaarperücke zum Kindermaskenball gegangen. Jetzt lugen unterm Pilzhut ihre roten Locken raus.
Der Saal im „Apostelhof“ liegt im Pulverdampf krachender Spielzeugpistolen. Luftschlangen baumeln von der Decke. Der Elferrat der „Gaggianer“ döst auf dem Podium vor sich hin. Die Kampagne des Jahres 1963 geht dem Ende zu. Mit Hustenanfällen hat der Sitzungspräsident zu kämpfen. Eine Stimme besitzt er schon lang nicht mehr. Krächzend kündigt er den einzigen Büttenredner des Nachmittags an. „Solle mir en roi losse?“ „Jo!“, schallt es aus vielen Kehlen zurück und der „Kehrichtmann“ be-

tritt unter Fanfarenstößen die Bühne. Müllwerker ist er auch im richtigen Leben und sein Kehrgeschirr hat er gleich mitgebracht. Er zählt auf, was er das Jahr über im Müll gefunden hat. Als die Fanfare bei „Damenschlüpfer" aufzieht, bleibt der Applaus aus. Es ist Kindermaskenball. Unter einem letzten „Ritzombou" verlässt der „Kehrichtmann" die Bütt.

Endlich darf durch den Saal getobt werden. Auf der Galerie drängeln sich die Mütter. Sie tragen Pappnasen und Griesgram im Gesicht. Als Aufpasserinnen fungieren sie. Hannis Mutter fehlt, sie lötet Schaltsysteme in der Fabrik – auch am Rosenmontag.

Unten im Saal schleicht ein Haufen Prinzessinnen umher. Sunhilds Krone ist verrutscht. An eine Presswurst in gelbem Tüll lässt die dicke Monika denken. Susi schleppt einen rosa Vorhang hinter sich her. Kurz setzt Hanni ihren Fuß drauf. Es macht „ratsch" und der kunstseidene Plunder hängt in Fetzen.

Rona schwingt einen Tomahawk, Christel hat zwei Pistolen im Gurt – und Hanni hängt die Pappe vom Pilzhut schief am Kopf. Ja, ein versprengtes Rotkäppchen findet sich auch noch.

Plötzlich spürt Hanni wie sich der Gummizug ihrer Hose aufzulösen beginnt. Einige Buben fuchteln mit ihren Pistolen vor ihr herum, nennen sie Wurzelgunde. Sie kann sie nicht einmal anständig verfolgen, da sie gewiss ihre Hose verlieren würde. Einen zornigen Rückzug tritt sie an. In der Garderobenecke zertrampelt sie den Pilzhut.

„Das darf man nicht tun, Hanni!" Vor ihr steht Sunhild als Prinzessin Himmelblau.

„Hau ab, du Pissnelk!"

„Du bist so hässlich, Hanni!"

„He, ich bin en Giftpilz, pass uff!"

Sunhild lacht. „Mein Kleid ist echte Kunstseide!"

„Ich dacht, du hosch die Schloofzimmergardin umhänge!"

„Du bist nur neidisch, weil ihr kein Geld für eine Schneiderin habt!“, plustert sich Sunhild auf.
„Angeberin!“
„Lumpedrin!“
Ein harter Tritt gegen Sunhilds Schienbein folgt. Schluchzend flüchtet sie sich zur Galerie hoch, wo sie von ihrer Mutter eine Tröstung erfährt.
Hanni wirft ihren zertrampelten Pilzhut in den Abfalleimer. Da kann ihn der Kehrichtmann finden, denkt sie grimmig.
Mit rutschender Hose schleift sie Richtung Saal.
Riffels Franz bewirft sie mit Luftschlangen. Hafner Karlchen schießt seine Pistole neben ihrem linken Ohr ab. Der Pulverdampf reizt ihre Nasenschleimhaut. Sie muss kräftig niesen. Rona und Christel tanzen etwas wie Twist. Das Männerquartett „Rheinperle“ entert gerade die Bühne. Die „Caprifischer“ gurgeln sie und „Heile, heile Gäns’che“ setzen sie gefühlvoll drauf. Es schunkeln die Mütter auf der Galerie. Prinzessinnen mit verrutschten Kronen und zerfetzten Schleppen tanzen im Kreis – und ein deckelloser „giftiger Pilz“ umschleicht sie.

Meerrettich-Weiber

Herbstzeit. Der Nebel drückt und die Luft ist durchrauscht vom Duft der Trester. Ihre schweren Körbe aufsetzend, verlassen die Schwestern Kerwer den Bahnhof. Über den Pfad entlang der Selz erreichen sie den Ort. Ihre bunte Tracht erweckt die Neugierde.
„Wieder emol do?“, grüßt eine ältere Frau aus ihrem Garten raus.

„Jo! Is an de Zeit!“, erwidert Madel. Nicht ganz so verschlossen wie ihre Schwester Gertrude lässt sie sich schon einmal auf ein Schwätzchen ein.
Im Wirtshaus „Zum Birnbaum“ haben sie sich für zwei Tage eingemietet. Muffig-feucht ist die enge Kammer über der Schankstube, doch Ansprüche stellen die „Meerrettichfrauen“ nie.
Anstrengend war die Reise gewesen. In Frankfurt hatten sie lange auf den Anschlusszug warten müssen. Auf dem Bahnsteig waren sie anderen Meerrettichweibern begegnet. Die Anni aus Hagenau zog es hoch in die Rhön, die Marei von Bubenreuth reiste in den Odenwald. Meyers Agatha aus Röttenbach war im Rheingau unterwegs. Alle hatten sie ihre Dörfer, ihr „Revier“. Nie kamen sie sich in die Quere. Die Igelsdorfer Trautlinde ziehe nicht mehr aus. Mit einem „Hexenschuss“ habe es angefangen. Jetzt sei sie ganz malad. Und das Agneslein habe sich einen Witwer mit sieben Kindern in Gau-Bickelheim geschnappt. Besser als auf den Handel zu gehen, hatte sie der Baiersdorfer Rosi anvertraut.
Zwei Wochen werden Madel und Gertrude im Selztal unterwegs sein. Das Leben als Reisende hat sie weder unruhig, noch leichtfertig werden lassen. Einst warteten im Heimatdorf ihre Bräutigame auf sie. Beide sind aus dem Krieg nicht zurückgekommen. Mehr ist über die Kleinbauerntöchter mit einem „Kren-Acker“, dem Meerrettich, nicht bekannt. Ab Morgen werden sie von Haus zu Haus ziehen. Auf viel alte Kundschaft treffen sie. Denen haben sie den Meerrettich schon verkauft, als sie noch junge, rotwangige Weiber gewesen.
Die Morgensonne springt ins Fenster rein. Madel und Gertrude haben eine ruhige Nacht verbracht. Unten in der Schankstube hat die Wirtin Kaffee gekocht. In ihren schweren Röcken nehmen die Schwestern Platz am Tisch. Die Wirtin gesellt sich zu

ihnen. „Geht es Eich gut?“
Ein synchrones Nicken antwortet ihr.
„Die Schlappeflicker hon sich frih verzoge!“
Die Schwestern lächeln. Das Wirtshaus hat nicht den besten Ruf im Ort. Trinker und Saufgretels verkehren hier. Die Wirtin hat alles im Griff – so glaubt sie. Doch letztlich ist sie froh, dass die „Meerrettich-Weiber“ weiter zu ihr kommen. Solide Frauen. Da kriecht keiner die Stiege hoch und keine Tür öffnet ihm.
Madel und Gertrude nehmen die Körbe auf und der Gang durch das Dorf beginnt. Gertrude hat ihre „Häuser“ im Unterdorf, Madel geht die Kirchstraße hinauf. Die neue Siedlung am Ortsrand meiden sie. Dort sind sie nicht bekannt. Sie kennen ihre Wege, ihre Häuser und wollen sich nicht erst vorstellen müssen – oder wie es gestern geschah, angepöbelt werden: wo sie denn ausgebrochen seien, hatte ein Kerl wissen wollen.
Im Gehöft neben der Schule rast der Hund an der Kette. Vom wütenden Gebell angelockt erscheint die Bäuerin: „Ei, die Meerrettich Madel is do!“, ruft sie aus und bittet Madel ins Haus.
In der warmen Küche setzt Madel ihren Korb ab. Das Herdfeuer lässt sie etwas wie Geborgenheit empfinden. An die Heimat muss sie denken.
„Was hosch de denn anzubiete?“
Meerrettich im Glas. Der sei neuerdings sehr beliebt, sagt sie.
„Nee“, meint die Bäuerin, „ich will en frisch hawwe un nit ingemacht!
Fünf Stangen Meerrettich, ein „Schopp“ Pfefferminztee und Muskatnüsse kauft die Bäuerin ihr ab. Hinterher klagt sie noch über die böse Schwiegermutter. Madel hört geduldig zu – und hat es schon vergessen, als sie den Hof verlässt.
Bei der Motte-Mutter klopft sie an. In der schmutzig-dunklen Küche rußt der Herd. Einen leichten Hustenreiz fühlt Madel aufstei-

gen. Die Alte hat sieben Enkel am Hals und alles ist ihr schon längst über den Kopf gewachsen. Sie kauft den Meerrettich im Glas und eine dicke Knoblauchknolle.
Beim Schmitte Alfons geht es hoch her. „Du Lump vun de Lumpe, du Oberlump!“, kreischt die dicke Anneliese und ihr Männlein huscht durch die Hintertür in eine zweifelhafte Freiheit hinaus. „Der Lackes kann mir gestohle bleibe!“, wütet Anneliese weiter. Madel öffnet ihren Korb und glättet ihre Schürze. Anneliese zeigt in Richtung Garten. „Do knutscht er jetzt die Rose ab, der Depp!“ Madel sieht den Alfons vor der Hecke stehen. Eine blassrosa Rose hält der schmächtige Mann in der Hand.
Eine Erinnerung schleicht sich ein. Anfang der fünfziger Jahre, das junge Glück, Alfons und Anneliese. Kräftig war sie damals auch schon und er so ein hübscher Kerl.
Anneliese kauft fünf Stangen Meerrettich. „Fer de Alt“, droht sie, „die Aa werre em iwwergehe!“

„Meerrettichfrauen“ in traditioneller Tracht.

Madel nimmt ihre Hucke auf.
Am Ende der langen Gasse ist das Pfarrhaus gelegen. Die Haushälterin schaut sie herablassend an: „Seid ihr wieder auf dem Handel?“
Madel nickt: „Frischer Meerrettich gefällig!“
Die Dame lächelt.
„Kren macht scheen!“, murmelt Madel und kramt aus der tiefsten Tiefe ihres Huckelkorbes ein Fläschchen Kräuterlikör.
„Fer den Herrn Hochwürden!“
Mit breiig-süßlichem Lächeln nimmt die Haushälterin die Flasche an sich. „Da freut sich der Herr Pfarrer!“
Madel zeigt ernste Miene zum fadenscheinigen Spiel. Den Likör wird sich die Dame gönnen. Doch scheint der Pfarrer ein Meerrettichliebhaber zu sein. „Für den Tafelspitz!“, säuselt die Haushälterin und kauft ihr zehn Stangen ab. Auch das Gewürzsortiment findet Zuspruch: Liebstöckel, Diptam und Pastinak.
Am späten Nachmittag treffen die Schwestern im „Wirtshaus Zum Birnbaum“ wieder zusammen. Erschöpft ziehen sie sich in ihr „Fremdenzimmer“ zurück. Schmalzbrote holen sie aus den Körben raus und ein wenig tauschen sie noch Neuigkeiten aus. Die Rösche Kath aus dem Unterdorf sei gestorben und das Peterlein vom Winzer Kastell wäre mit dem Motorrad verunglückt. Bevor sie einschlafen beten sie gemeinsam ein „Vaterunser“.
Währenddessen dringt lautes Geschrei aus dem Schankraum hoch. Madel und Gertrude sehnen sich nach ihrem stillen Haus in der Heimat. Bald werden sie wieder dort sein. Die Neffen und Nichten erwarten sie sehnlichst schon. Kleine Geschenke haben die Tanten immer für sie dabei.

Ein kleiner Italiener

Verramschte Stunden. Hundstage schleichen durch die Gassen und die Kirschen sind reif.
Ilse streckt sich auf dem Bett aus. Ihre jüngere Schwester Ingrid ist bei ihr. Unten im Hof streiten sich Vater Alfred und die Mutter. Man hört nur ihn. Ihre Worte versanden in hilflosem Gejammer.
„Das mach ich nit mehr lang mit!“ Ilse richtet sich vom Bett auf.
„Was willsch de duun?“
„Mir fällt schunn ebbes in, Ingrid!“
Ilse lässt eine Kaugummiblase platzen. Verkäuferin in einem Alzeyer Möbelhaus ist sie. An den Sonntagen glaubt sie „verschimmeln“ zu müssen in der Enge des kleinen Dorfes, das abseits der großen Straßen, sich in freundlicher Melancholie verbirgt. Eine Idylle ohne Harmonie. Mit ihren neunzehn Jahren ist Ilse eine ganz flotte Biene. Ihre betonharte Hochfrisur durchkämmt kein Wind.
Verdrossen wird das Mittagessen eingenommen. „Kartoffelstampes“, verkochtes Gemüse und Fett spritzende Bratwürste. Die Eltern ziehen sich ins Schlafzimmer zurück. Mittagsruhe. Halbwegs verträgt man sich wieder.
Ilse und Ingrid trocknen in der Küche das Geschirr ab. Die Tücher legen sie zum Trocknen auf der Fensterbank ab. Draußen brennt sich der Sommertag aus. Eine stille Versonnenheit schleicht sich in Ingrids Gedanken ein. Giuseppe! Sie wagt nicht, Ilse von ihm zu erzählen. Die macht sich lustig über die kleinen Männer aus dem Süden. Auf baumlange GI’s steht sie. In Ami-Bars treibt sie sich heimlich herum.
Vor zwei Wochen war sie Giuseppe begegnet. Auf dem Bahnsteig hatte sie auf den Zug nach Worms gewartet. Es war ihr Berufsschultag. Friseuse lernt sie.

„Hallo, Fräulein! Er lächelte sie an. „Wo du hingehen?"
„Schule!"
„Warum Schule? Du doch Haare machen!"
„Schule. Lernen!"
Er nickte.
Der Zug fuhr ein. Giuseppe blieb auf dem Bahnsteig zurück. Er hatte seinen freien Tag im Weingut Desoi.
Ilse hat sich mit einem Heftchenliebesroman auf die Terrasse gesetzt. Sie dreht am Transistorradio. „Der lachende Vagabund" überschüttet sie mit seiner Fröhlichkeit. „Zwei kleine Italiener", trällern hinterher. Ilse summt mit. Vollkommen unmelodisch. „So en Schmalz!", sagt sie und schaltet den Transistor aus.

Ingrid und Ilse, zwei flotte Bienen.

Ein Gewitter zieht auf. Windstöße durchfegen das Gartenrund. Ilse und Ingrid verlassen die Terrasse. Der Vater verrammelt das Haus als erwarte er einen Tornado. Schwer lastet die Sommerhitze in den Räumen. Beinahe gespenstisch erscheint es Ingrid, wenn die Blitze über die weiße Kirchenmauer zucken.

Im Friseursalon hocken Frauen unter Trockenhauben. Heißdauerwellen sind beliebt. Ingrid wickelt Haare auf Röllchen auf. Dünne, ausgelaugte Haare sind es meist. Sie sehnt den Abend herbei, denn am Bahnhof wartet Giuseppe auf sie.

Dem Bachlauf folgen sie zum Dorf hinaus. Am Friedhofsweg biegen sie in den Hohlweg ein. Sommerweiter Himmel. Hoch steht das Korn. Er legt den Arm um sie. Zögerliche Annäherung. Sein Deutsch klingt hilflos wunderlich. „Du sehr schönes Fräulein!"

Ingrid lacht ihn aus. Ilse sei hübsch. Sie doch nicht. Sickerndes Licht. Das Tal, ein dunkles Loch, und ein wässriger Mond hängt schwammig zwischen den Bäumen. Er erzählt von den Weinbergen seines Onkels, dem Zitronenhain am Meer und dem Grab seines Vaters unterm Maulbeerbaum.

Brennnesseln wuchern im Graben. Feuchtigkeit kriecht aus der Flussniederung.

Vaters Schwester, die flotte Lene, ist zu Besuch gekommen und sitzt in der Wohnstube. Eierlikör kippt sie sich rein. Unter den rustikalen Balken tanzen die Fliegen. Lene zündet sich eine Zigarette an.

„Musch de immer qualme?", beschwert sich die Mutter, die an Lenes Benehmen einiges auszusetzen hat.

„Besser als sich mit em Itaker rumzutreibe!", zischelt Lene.

Die Mutter schüttelt den Kopf: „Was is en an so em Zwockel dran?"

„Frag' dei Tochter!"
„Was?" Den Vater hat es aus dem Sessel gerissen.
„Ich kenn en noch nit lang!", stottert Ingrid.
„Das hört uff!"
Da legt sich Ilses Hand auf seinen Arm. „Do is gar nix, Vadder!" Vertraulich klingt es. Sie hat ihn schon immer einwickeln können.

Am Stellwerk wartet er. Hahnenfuß wuchert gelb zwischen den Gleisen.
„Die hawwe ebbes spitzgekriegt!"
Er versteht sie nicht. „Wer was haben?"
„Wege uns!"
„Warum?"
„Das kann ich dir nit sage!"
Verlegen lächelt er. Regnerisch ist der Abend. Düster stehen die Fichten am Hang. Durchnässt kommt sie zu Hause an.
„Mir dääd kee Italiener ins Haus komme! Sin alles Katholische!", tönt eine der dörflichen Obertratschen im Friseursalon.
Ein paar junge Kerle mit Motorroller nennen sie „Spaghettibraut!"
Vater und Mutter schweigen sich aus. Haben genug mit sich selbst zu tun.
Fort. Weit weg möchte sie – mit ihm. Bisher ist sie nie über Alzey und Worms hinausgekommen. Eine Zukunft erträumt sie sich, fern von hier. Es muss ein Leben geben hinterm Mehlberg und so …

Herbst ist es geworden. Vögel sammeln sich in den Lüften. Giuseppe ist nach Ende der Weinlese in seine Heimat gefahren. Raureif liegt über den Wiesen an der Pfrimm.

Kerb im Dorf. Nach anfänglichem Zögern begleitet sie Ilse zum Tanz in den „Schwanen“. Mit Armin tanzt sie Blues. Schlosser ist er. In Ilse soll er verliebt gewesen sein.
„Wo is en iwwerhaupt dei Italiener, Ingrid?“
„De heem in Napoli!“
„Darf ich iwwerhaupt mit dir danze, oder rammt der mir später en Messer in de Bauch?“
„Oh, der is ganz lieb!“
Armin lädt sie in die Sektbar im Keller vom „Schwanen“ ein. Nüchtern sind sie hinterher nicht mehr.

Ein Sonntag im Oktober. Verfallen, der Himmel, welkes Licht. Die Gewissheit bäumt sich auf vor ihr. Die Winzerin Desoi erzählt im Friseursalon. „Unser Italiener is weg!“ Sie würden sich einen Neuen besorgen. Es seien fleißige Kerle. Leicht zu halten.

Jahre, viele Jahre sind vergangen. Ingrid spürt das Alter. Lustlos begibt sie sich in den Tag. Nichts ereignet sich mehr in ihrer kleinen, überschaubaren Welt. Armin ist Rentner und lebt seine Behaglichkeit unbesorgt aus.
Nach dem Frühstück geht sie zum Friedhof hoch. Ilses Grab. Ilse, die Himmelstürmerin. Um den Verstand gesoffen hat sie sich. Ingrid reißt das Zittergras zwischen den Begonien raus. Sie bringt die Gießkanne an ihren Platz neben dem Wasserhahn zurück.
Über die Friedhofsmauer hinweg sieht sie die Anni Desoi aus dem Wagen steigen. „Ingrid, mir hawwe Besuch!“, ruft sie zu ihr rüber.
„Wer is en do?“
„De Giuseppe. Unser erschter Italiener. En kritzegraues Männche. Awwer mir sin jo aach alte Schachtele, gell?“

Ingrid fühlt wie eine mächtige Hitze ihren Körper durchrast.
„Den hosch de doch emol gut gekennt?“
„Sag em en scheene Gruß, Anni!“
Langsam geht Ingrid den Pfad ins Tal hinab. Wehmut drängt sich in ihre Gedanken. Zu spät. Sie hatte den einfachen Weg gewählt.

Das versteckte Eck

Das Häuschen im „Schießgraben“, ein richtiges „Bajes“ ist es, schief die Balken und an den Wänden blüht der Salpeter aus. Mit ihrem Bruder Hannes lebt Deckers Frieda darin.
In den ersten Oktobertagen reißt Frieda die Fenster auf. Allmählich verzieht sich der feuchte Moderhauch. Herbstsonne und die Rosen blühen so unsinnig wild. In zwei Fässern gärt im Keller der neue Wein. Die „Gut Stubb“ ist ausgeräumt, und vom Tüncher sind die Wände geweißelt worden. Hell leuchtet das Zimmer nun.
„Hannes“, sagt Frieda, „hol de Woi außem Keller ruff, es duud nit mehr lang dauere un die erschte Schnutedunker sin do!“ Gemeint sind die Leute aus der nahen Stadt, die mit der „Elektrischen“ raus aufs Land fahren, um sich in den Bauernstuben satt zu essen. Hinterher werden sie sagen: „Was hawwe mir gut fresse un saufe könne – ei, war das scheen!“
Frieda kennt ihre Pappenheimer, die es meist nicht so dicke haben – oder wie sie es im Platt ausdrückt: „Deheem fresse se de Kitt vun de Fenster!“
Vor dem Krieg war sie Verkäuferin in einem Kolonialwarenladen in der Stadt gewesen. Etliche der Kunden von gestern hocken nun bei ihr im „Versteckten Eck“. Jetzt, Mitte der fünfziger Jahre,

ist Frieda ein ansehnliches Weib, das ihren robusten Charme in den Ausschank einbringt. Hausmacherwurst, Rippchen mit Sauerkraut und „Meenzer Handkäs mit Musik“ serviert sie den Gästen zum Wein aus eigenem Anbau.
Hannes und sie haben einen Wingert von ihrer Tante Bertram geerbt. Sie, Bertrams Liesel, betrieb vordem schon eine „Strauß-wirtschaft“. Eine legendäre Örtlichkeit. Mollig warm die Stube, herb der Silvaner und heiter die Stimmung. Damals brachten die Gäste noch ihr Essen mit. Packten Fleischwurstringe oder den Stichpfeffer aus. Die Liesel stellte ihnen einen Teller hin. Ähnlich soll es noch beim „Burgunder-König“ in den Bannzäunen zugehen – wo der Metzger Heiner seinen Schwartenmagen isst, wenn er beim Schoppen sitzt. Solches gibt es bei Frieda nicht. Bei ihr bleibt die Küche nicht kalt.
Als Frieda am Spätnachmittag den Strauß mit den bunten Papierfetzen vor das Hoftor stellt, sind kurz darauf Kanapee und Lehnbank in der Stube besetzt. Hannes muss noch Stühle ranschleppen. Im Keller stapeln sie sich – von Spinnweben und Staub überzogen. Doch das stört niemanden im Funzellicht der Stube.
Frieda ist in ihrem Element. Sie kann scherzen, frivole Lieder trällern und an ihrem üppigen Busen beißen sich Männerblicke fest. Sie sitzt auch schon einmal einem Zecher auf dem Schoß. Handfest derb geht es zu im „Versteckten Eck“.
Hannes holt aus dem Wingert in der „Estergewann“, wo er seinen Bockschnitt pflegt, so viel wie möglich raus. Wenn auch etliche Besucher abschätzig von der „Schlorebrieh“ im „Versteckte Eck“ sprechen, kommen sie gerne wieder. Es ist die behagliche Gemütlichkeit, die über „Katzepiss“ und „Aschbes“ hinwegschlucken lässt. Ja, wenn Hannes zum Akkordeon greift und die „Fischerin vom Bodensee“ mit dem „Waldspecht“ um die Wette singt, wird einem so himmlisch leicht im „Versteckte Eck“.

Draußen schleicht sich allmählich die Nacht heran. Es schnurren die Katzen auf der Bank vor dem Herd. Aus dem Ofentürchen fällt ein rötlicher Feuerschein. Ein trauter, lieblicher Ort – und eben kommt Frieda mit der dampfenden Schüssel Sauerkraut aus der Küche raus. Doch sie lässt sich von der Stimmung nicht einfangen, muss den Überblick behalten. Gerade pinkelt im Höfchen der Otto gegen den Prellstein. Sie reißt das Fenster auf: „He, Otto, machst de wieder den Wauwau?"
„Es hot mir präsiert, Frieda!"
Verärgert schließt sie das Fenster. Keinen Anstand haben die Kerle. Nein, einen solchen hat sie nie haben wollen.
Zum Schneiden dick ist die Stubenluft. Sind doch die Pfeifen mit billigen „Scheierbombeler" gestopft. Auf der Lehnbank sitzt neben dem knuffigen Pat dessen verhuschtes Weib. Sie klammert sich am Weinglas fest, während er schlüpfrige Witze erzählt. Brüllendes Gelächter folgt seinen meist misslungenen Pointen.
Die Inge mit den verschossenen hellen Haaren hat sich an den feschen Hans rangemacht, einem heillosen Luftikus. Nichts anbrennen lässt er. Und die Inge? Viel zu oft kreuzt sie im „Versteckte Eck" auf. Soll sich nicht festsetzen, die dumme Nuss, denkt Frieda.
Die scheele Gretel hingegen beherrscht die Kunst des Wiederkäuens. Längst ist der Teller leer, doch weiter malmt ihr Kiefer. Der Rötsche Rochus und Malmanns Lotte sind im Aufbruch begriffen. Wollen die letzte „Elektrische" noch bekommen. Sie werden sie verpassen und durch die Nacht über den Berg in die Stadt rüberlaufen. Auf halber Strecke steht ein Wingertshäuschen. Da halten sie an – das ist bekannt.
Die Tür öffnet sich und Gerlachs Bärbel tritt ein. Ihren Vater kommt sie abholen. Der sitzt auf dem Kanapee, Kopf und die Nase leuchten krebsrot.

„Papa, komm heem!“
„Weshalb?“
„Die Mama duud uff dich warte!“
„Ich awwer nit uff die!“, grölt er zurück.
Verlegen steht das Mädchen in der verrauchten Stube.
Frieda greift ein: „Adi, morje is aach noch en Tag!“
Langsam erhebt sich der Mann und torkelt schimpfend hinter seiner Tochter her.
Frieda schüttelt den Kopf. „Was fer en Blooges!“, raunt sie der schepp Gretel zu. Die hat das Wiederkäuen eingestellt und schielt Frieda an: „Mei Bräutigam is beim Staat!“
„Wann bringst en den emol mit, Gretel?“
„Er is ebbes schinant!“
„Mir beiße nit.“
Gretel nickt: „Ich hon den aus de Zeitung raus. Sollsch de aach emol versuche?“
„Nee, ich bleib lieber fer mich!“
Gretel trinkt in einem Zug ihr Glas leer. Es ist bekannt, dass sie andauernd auf Männerjagd ist – wobei ihr schon so manches Wild entwischt ist.
Hannes hat mit dem Akkordeonspielen aufgehört. Er döst in der Ecke neben dem Herd. Einen Schaden hat er aus dem Krieg mitgebracht. Es heißt, ein Splitter sitze ihm im Kopf – und der würde „wandern“.
„Mache mer Schluss fer heit!“, ruft Frieda in die Runde. Die letzten Zecher erheben sich. Taumeln hinaus in den Nebel der Herbstnacht. Ein dichter, nasser Nebel ist es.
Frieda löscht das Licht. In der Küche türmt sich das Geschirr. Es riecht nach gegorenem Sauerkraut und kaltem Fett. Der Rest vom Fest. Sie lacht.
Wenn nach vier Wochen der Strauß hereingeholt wird, sind

Auf einen Dämmerschoppen ins „Versteckte Eck".

die Stubenwände überzogen vom braunen Glanz des Nikotins. Dann wird sie mit Hannes ins Kleinwalsertal fahren. Kuchen werden sie in der Konditorei „Zur Alm" essen und auf schmalen Wegen wandern, die hohen Berge und die sanften Rindviecher auf den Wiesen bewundern.

Strafporto und „schöntönende" Worte

Es hatte ihn nach Mainz am Rhein verschlagen, wo er Gehilfe in einer Drogerie gewesen war. Hans Hansen, eine imposante Erscheinung. Seine blauen Augen hatten es den Mädels angetan. Emmi, Else, Elli.
1953 ist Else verheiratet, Elli hat ein „Verhältnis" und die Putzmacherin Emmi kreiert und dämpft weiter ihre Hüte. Ab 11. 11. sehnt sie sich dem „Rosenmontag" entgegen. An ihrem Harlekinkostüm näht sie Pailletten an.

Sie teilt sich mit ihrer Mutter ein Zimmer in der „Hinteren Bleiche“, denn sie sind „ausgebombt“ worden. Wenige Habseligkeiten haben sie aus dem Haus in der Gaustraße retten können. „Mir hätte jo do gar kee Platz um ebbes uffzustelle!“, tröstet sich die Mutter über die materiellen Verluste hinweg, wenn sie sich in ihren beengten Verhältnissen umschaut.
Heiligabend und eine große Stille liegt über der Stadt mit ihren Trümmern und Ruinen. Der Ofen qualmt. Hin und wieder muss Emmi das Fenster öffnen. Dann dringt bittere Kälte ein. Zwei Kerzen brennen vor der Weihnachtskrippe. Mutter und Tochter bescheren sich gegenseitig. Emmi schenkt ihrer Mutter ein Paar Lederhandschuhe. Sie erhält eine Bettwäschegarnitur. Ein Aussteuerstück ist es. „Wenn sich doch noch ebbes ergebe duud!“, seufzt die Mutter. Emmi würde ihr am liebsten eine Nase drehen. Nein, keinen Unfrieden an Heiligabend. Sie müssen zusammen aushalten. Nebenan beim Nachbar Lill dudelt eine Spieldose Weihnachtslieder. Schale Festlichkeit stoßen die Töne aus.
„Jetzt mach emol das anner Päckche uff, Emmi?“, fordert die Mutter sie energisch auf. Emmi verzieht den Mund. Vor zwei Stunden hatte der Briefträger ein an Emmi adressiertes Päckchen gebracht. Es war unfrankiert und die Mutter hatte das Strafporto gezahlt.
Emmi greift nach dem Päckchen. Es ist mit Packpapier umwickelt und von einer dünnen Kordel umschlossen. Sie beginnt es auszupacken. Zum Vorschein kommt ein leicht zerfleddertes Buch. „Hausschatz Deutscher Dichtung“. Sichtlich enttäuscht schüttelt Emmi den Kopf: „Ich wollt es nit annemme, Mudder! Awwer du hosch dich nit vun abbringe losse!“
Kleinlaut murmelt die Mutter: „Man hot jo nit ringucke könne!“
„Do hot sich halt jemand en Scherz erlaubt, Mudder!“ Verärgert

schiebt Emmi das Packpapier samt Inhalt zur Seite und da bemerkt sie die Karte mit der kleinen, akkuraten Schrift.

Liebe gute Emmi,

ich hoffe, dass Dir mein Weihnachtsgeschenk Freude machen wird. Es ist ein Buch der Wirklichkeit mit klarer, angenehmer Sprache und gleichsam wie Rosinen in einem schmackhaften, schönen Kuchen bringt es Wahrheiten von ewiger Gültigkeit. Wie Du bemerken wirst, stammt der Band aus meiner Bibliothek, ich habe es aber immer als ein besseres Geschenk empfunden, wenn jemand mir ein Buch aus seinem Schrank, ein Buch, an das er sein Herz gehängt habe, schenkte, als wenn er einfach zum Buchhändler ging und mir eines kaufte. Ich wäre froh, wenn auch Du darin ein Buch sehen würdest, zu dem ich bisher in herzlicher Beziehung gestanden habe. Schöntönende Erinnerungswidmungen sind unmodern und auch nicht immer gerade sehr zweckmäßig. Meine Eintragung wird Dir genug Freude machen, wenn du Dich dabei erinnerst, dass dem Buch ein Kärtlein beilag, indem Hans Dir sagte: die Schenkung dieses Buches ist ein Akt freundlicher und herzlicher Zuneigung – ein Zeichen des Dankes und eine Bitte mich immer in guter Erinnerung zu behalten.

Dein Hans Hansen.

Und wenn wir uns wiedersehen sollten, dann am Rosenmontag in Mainz am Rhein.

Der Hans! Es gibt ihn also noch. Emmi ringt sich ein Lächeln ab: Ein Sommertag – langsam waren sie am Fluss entlanggegangen, durch krüppliges Unterholz gekrochen … Er hatte sich einfach aus dem Staub gemacht. Und jetzt?

„Is das der Lackes aus de Drogerie?“

„Hans Hansen heißt er, Mudder!“

„Jo, so sah er aach aus!“

Das gewichtige Buch stellt Emmi auf dem Vertiko neben der dickbauchigen Vase ab.
Im Gasthof „Zum Gebirg“ treffen sich Emmi, Else und Elli. Sie kennen sich seit Kindertagen, haben in Altstadtgassen gespielt und gerauft, geliebt und gelacht.
Else beschwert sich über ihren „Alten“ und Elli ist sauer auf ihr „Verhältnis“, das sich nicht entscheiden will. „Hätt’ ich mich nur nit uff den eingelosse! Hon ganz annere Chance gehabt!“
„So?“ Else blickt sie amüsiert an.
Die kräftige Elli mit dem fuchsroten Haar nickt eifrig: „Grad hot mir en Verehrer zu Weihnachte en dappisch Buch geschickt, wobei er vergesse gehabt hot zu frankiere!“
Emmi horcht auf. „Un hot er ebbes zu geschriebe?“
„Ei, jo!“
Else, kugelrund und heiter, schüttelt den Kopf: „Ich hon aach so ebbes geschickt gekriegt, un es war kee Briefmark druff!“
Emmi kichert: „Is das modern worre?“
„Was?“
„Bücher zu verschicke!“
„Bei mir is das ABC der Küche angekomme, Emmi!“ “
„Un ich hon en neue Opernführer gekriegt!“, gibt Elli bekannt.
Sie blicken sich an. Zufall? Nein, in ihren Jugendsünden kennen sie sich aus.
„De Ladeschwengel vum Drogist an de Eck vun de Ludwigs-strooß!“, ruft Elli in die Runde.
„Hans Hansen!“, sagt Emmi.
„Uff un devun is er!“, mault Else
„Mich hot er drei Stund uff em Bahnhof stehe losse!“, erinnert sich Elli.
„Er will an Rosemontag komme!“
„Hot er mir aach angedroht, Emmi!“

„Der wärmt do ebbes uff!“ Emmi legt die Karte mit der feinen Schrift auf den Tisch. „Das do hot er mir beigelegt gehabt!“
Else und Elli schauen sich die Karte an.
„Wortwörtlich!“, stellt Else fest.
„Der hot wohl ne Druckerpress de heem!“, lacht Elli.
„Süßholzraspeler!“
„Sprichbaidel!“
„Gibt an wie e Tutt voll Schnooge.“
Sie heben die Gläser. Dämmerschoppen „Im Gebirg“. Der stramme Hans kann ihnen gestohlen bleiben mit seinem Strafporto und den schön tönenden Worten.

Topfschlagen zu Räuber und Gendarm

Monika hat mich zum Geburtstag eingeladen. Durchgesetzt hat sie sich bei ihrer Mutter, der „Kernseifentucke“. Die mag mich nicht – weil ich ein Schlüsselkind bin. Meine Mutter arbeitet als Spülerin in der Spirituosenfabrik, Monikas Mutter ist Hausfrau.
Mama macht die Einladung ziemlich ratlos. „Was zieht man do nur an?“, grübelt sie. Schließlich steckt sie mich in ein gestärktes, weißes Kleid und bindet mir die Locken straff hinterm Reif. Jetzt findet sie mich adrett genug für das bessere Parkett der Stadt.
Die Treppe zum Burghügel hüpfe ich hoch. Ein schwarzer Hund umschleicht mich. Ich streichele sein räudiges Fell und wische mir die Hände am Kleid ab. Leicht angeschmuddelt erreiche ich den Winkelbungalow, wo mich Monikas Mutter mit säuerlicher Miene empfängt.
Im Wohnraum hat sich unter bunten Luftballons eine Müttergrup-

pe auf dem Ledersofa breitgemacht. Offen steht die halbe Fensterfront zum Garten hin, wo Christine, Brigitta, Ilona und Susi auf dem Rasen hocken. Einen weißen Hasen streicheln sie.
„Mei Opa hält dreißig Karnickel im Verschlag. Jede Woch is eenes dran!“, versuche ich zu beeindrucken.
„Findest du so etwas gut?“, befragt mich Susi streng.
„Die Viehcher kenne das nit anners!“
„Ich finde das eklig. Stell dir vor, wir essen den Pummel auf?“, wirft Monika ein.
„Das is en Zierhas. An dem is nix dran!“
„Du bist abscheulich!“, entrüstet sich Christina.
„Wer ist die überhaupt, Monika?“ Ilona mit dem Schwanenhals deutet auf mich.
„Die Erika!“
„Kennst du sie gut?“
„Nee!“
Monikas Endsolidarisierung setzt ein. Ich werde ihr einen großen Tintenklecks ins Poesiealbum setzen. Das hat sie jetzt davon.
Auf dem Rasen streicheln sie den Pummel mit vereinten Kräften weiter, walken ihn ordentlich durch. Verzweifelt versucht er dem Zärtlichkeitsüberfall zu entfliehen. Sonst hockt er ziemlich mürrisch und unbeachtet in seinem Stall und wird von Monika „blödes Karnickel“ genannt.
Das Tablett tragend kommt Monikas Mutter über den Rasen gestolpert. Brause bietet sie uns an. Ich lehne ab und bitte höflich um eine „Afri Cola“. Ein strafender Blick trifft mich. „Cola ist ein vulgäres Getränk, Erika!“
Vor dem Garagentor habe ich eine Ameisenstraße entdeckt und verfolge deren Verlauf bis in die Garage rein. Ich baue ihnen einige Hindernisse auf, die sie geschickt umgehen. Monikas Mutter reagiert entsetzt. „Das ist Ungeziefer, Erika!“

„Es macht Spaß zuzugucke!"
Kopfschüttelnd verschwindet sie im Haus.
Ich greife mir ein Glas mit Himbeerbrause vom Tablett. Geschmacklich ziemlich fad. „Do fehlt de Zucker drin!", sage ich.
„Zucker verdirbt die Zähne!", lispelt Susi.
„Und ist so ungesund!", setzt die dicke Brigitta nach.
Ich stelle mein Brauseglas auf dem Gartentisch ab, wo es sich rasch zur Wespenfalle entwickelt. Drüben vor dem Garagentor geht Monikas Mutter mit der Giftspritze gegen Ameisenkohorten an.
Der Kindergeburtstag nimmt an Fahrt auf. Ich muss jetzt einen Topf mit dem Kochlöffel verhauen. Monika irrt mit verbundenen Augen umher, macht so mit dem Feuerdorn Bekanntschaft, was ihre Mutter eingreifen lässt. Sie nimmt ihr die Augenbinde ab.
Die Plattenwege im Garten dürfen nicht verlassen werden. Als mir der Ball ins Tulpenbeet hüpft, springe ich hinterher.
„Das darfst du nicht, Erika!", empört sich Monikas Mutter.
Christine schafft es, den Buchs niederzutrampeln, ohne dass es jemandem aufzufallen schien. Susi und Ilona rennen quer durch das Kräuterbeet zum Teich. Nur für mich gilt die Waschbetonpflicht. Der verkniffene Mund und die glasklare Aussprache von Monikas Mutter sind Anweisung genug.
Hula-Hoop. Ich habe schon so etwas wie Hüften. Monika, Susi und Ilona sind stark unterentwickelt und Brigitta zu dick. Ich gewinne den Blumenkranz. Bibernelle und Löwenzahn vermischen sich darin. Irgendwie riecht es nach Friedhof. „Freispiel", nennt sich der nächste Programmpunkt. Ich schlage „Räuber und Gendarm" vor – und bleibe dann als einziger „Räuber" übrig.
Wie eine Schar schnatternder Gänse verfolgen mich vier „Gendarmen". Das Toilettenfenster an der Hinterwand des Hauses steht offen. Ich steige ein. Hell leuchten die blanken Fliesen und rosa

getönt ist die Toilettenschüssel. Alles riecht nach Sauberkeit und nicht nach Abtritt. Wir gehen in der Marschallgasse über den Hof. Die Toilettentür öffnet sich zur Diele hin. Es glänzt das Parkett und alles wirkt unwirklich sauber. Keine Spinnweben, kein Staub wirbelt auf. Von draußen höre ich Gekicher. Die Schlauen unter den „Gendarmen" haben meinen Einstieg entdeckt, die Dummen suchen weiter. Ich trete zur Haustür raus. Die Mütter auf der Terrasse senken ihre Kaffeetassen. So was! Läuft einfach im Haus herum!
„Wie bist du hineingekommen, Erika!", setzt Monikas Mutter zum Verhör an.
„Durch's Klofenster!"
„Wie kannst du nur? Ich habe dir die Gästetoilette gezeigt!"
„Ich war gar nit druff!"
Sie zieht die Luft ein. Die Zornesader schwellt ihr ab, während vier Gendarmen heranstürmen und mich gefangennehmen.
Ich male „Hickelhäuschen" auf den Zement vor der Garage und hüpfe geschickt ins Ziel. Brigitta schummelt. Tritt mit ihren breiten Füßen auf den Strich. „Schepp Kuh!", sage ich. Sie wirft mir einen Kieselstein ans Bein. Ich stoße sie weg. Plärrend rennt Brigitta zu ihrer Mama hin. Peinlich empfinde ich das.
„Nein, die Erika, laden wir nicht mehr ein! Sie ist kein Umgang für unsere Kinder!", erklärt Monikas Mutter ziemlich laut.
Zwölf rosa Kerzen stecken in der Torte drin. Monika pustet die Flammen aus. Mich trifft ein Tritt unterm Tisch ans Schienbein. Brigitta. Ich kneife ihr in den Arm.
„Mama, sie ist schon wieder unartig gewesen!"
„Du musst gleich nach Hause gehen, Erika!", tönt Monikas Mutter.
Sie rücken von mir ab. Ich rühre mit dem Zuckerlöffel im Tee und stecke ihn in die die Dose zurück. „Pfui!", erregt sich die

Ilona-Mutter mit ihren kleopatra-schaurigen Wimpern. Wie eine böse Märchenfee wirkt sie auf mich – künstlich verfremdet.
Brigitta schleckt die Sahneschüssel aus. Ich verlange ein zweites Stück Buttercremetorte.
„Du bist nicht allein hier, Erika!“, mahnt es gleich eindringlich.
Brigitta gönnt sich gerade ein drittes Stück Torte.
„Es schmeckt ihr wieder viel zu gut!“, säuselt es freundlich aus der Mütter Münder.
Dann werden die Geschenke ausgepackt: Fünf „Pucki-Bände“ von Christine, ein silbernes Armkettchen von Ilona, ein Fotoalbum mit Krokodilledereinband von Susi. Mir hatte Mama eine Tafel „Sarottischokolade“ eingepackt – in Weihnachtspapier.
Es dämmert. Die Mütter räumen auf. Perfekt eingespielt. Eine eilt mit dem Tablett hin und her, die andere sammelt leere Gläser ein. Monikas Mutter läuft mit dem Wischtuch hinterher.
„Wann wird deine Mutter dich abholen kommen, Erika?“
Ich verstehe die Frage nicht. Die Treppe über den Burghügel runter, noch etwas tiefer in die Gasse rein und schon bin ich daheim.
„Ich geh allein!“, erwidere ich.
„Wieso?“
„Is doch nit weit!“
„Und das lässt deine Mutter zu?“ Susis Mutter glotzt mich ausdauernd an. Pfannkuchenfresse, fällt mir zu ihrer Optik ein. Meine Mutter ist sehr hübsch.
„Jo! Die muss doch schaffe gehe!“, sage ich.
„Auch eine Einstellung!“, kommentiert Monikas Mutter und rutscht unruhig auf ihrem Stuhl hin und her. Neben mir schlürft Brigitta am Strohhalm einen Rest Brause aus dem Glas. Eklig.
„Du säufst wie die Kuh!“, raunze ich sie an.
Brigitta löst sich vom Halm. „Das heißt trinken, Erika!“

Die Mütter seufzen auf und dehnen ihre gepflegten, faulen Glieder aus.
„Ich mach mich ab!", erkläre ich.
Im Abendlicht gehe ich in die Stadt runter. Gefallen hat mir das Ganze nicht – und Morgen bekommt Monika einen Klecks ins Poesiealbum gesetzt. „Ich bin eine stolze Rose und kein Veilchen im Moos" werde ich schreiben und dazu ein furchtbar hässliches Rosenbild – ohne Silberglanz – einkleben … Nein, einen rosa Teufel mit goldenen Hörnern werde ich ihr malen.

Samstags in die Wanne

Das mit dem Betrieb einer „Badeanstalt" hatte ihr der Friseur Dupont aus dem Unterort eingeredet. Vier „Höhensonnen" wollte er aufstellen. „Loss deinen Alte ebbes bossele am Haus! Er hot jo schließlich emol Maurer gelernt!"
Doch mit ihrem Mann Hansi steht sich Traudel nicht gut. Einseitig hat sie ihm die eheliche Zuneigung gekündigt. Er nimmt es hin, auch über ihre verbalen Ausfälle hört er geduldig hinweg. Durch Feinsinnigkeit hat sich seine Traudel nie ausgezeichnet.
Den Sommer über bis weit in den Herbst mauerte Hansi den Anbau aus. Fünf Badezellen entstanden. Die Bauaufsicht hatte der Friseur übernommen. Die pomadisierten Haare zurückgekämmt, ließ er sich in der Küche den „Quetschekuchen" schmecken, während Traudel in der „Madame" blätterte. Ihre Fingernägel hatte sie matt lackiert.
Im „Badeparadies" nebenan glänzten blassblaue Kacheln und Armaturen. Der Friseur meinte: „Murks, nix als Murks!" Ja, in den Wintermonaten war die Schimmelgefahr ziemlich hoch.

Es ist so weit. Ein Emaille-Schild zeigt es an:
Badeanstalt: Traudel Limbach
Öffnungszeiten: Samstag 9:00 bis 20:00 Uhr
Zur Eröffnung der ersten Badeanstalt im Ort führt der Friseur die Neugierigen durch den Anbau. Er schwadroniert von Gesundheit und Hygiene und lobt seine „Höhensonnentherapie“. In der Kammer neben der Küche hat er vier Liegen installiert. Traudel hatte schon zweimal Probe gelegen. Sie glaubt den Versprechungen des Friseurs. Ja, ihre Knochen würden sich deutlich „verjüngt“ anfühlen, erzählt sie überall. Einen ordentlichen Sonnenbrand hat sie sich geholt – doch darüber schweigt sie sich aus.
Noch vor Tagesanbruch muss Hansi mit dem Anheizen des Koksofens im Keller beginnen. Für fünf Wannenbäder hat er warmes Wasser zu liefern. Er wird den Tag im Keller verbringen, während Traudel in weißer Kittelschürze vor ihren Wannenzellen auf und ab stolziert. Es riecht nach Fichtennadelsalz. Salpeter blüht in den Wänden aus.
Ein regelmäßiger Besucher der Badeanstalt ist der Winzer und vereidigte Messweinlieferant Franz Jung. Ein spröder Mann. Das Handtuch unterm Arm tragend lässt er sich von Traudel in die Badezelle I einweisen.
„Willsch de ne Fichtenadeltablett hawwe, Franz?“
Er verneint und ein starker Kernseifengeruch dringt bald aus der Badezelle I.
Kurz darauf erscheint das „Liebesperlchen“. Sie, die Rosa Gerlach, trägt ein neckisches Hütchen und unterm Arm ein blütenweißes Handtuch.
„Es duud jo schunn jemand bade?“, wundert sie sich.
„De heilig Franz!“, raunt ihr Traudel zu.
„Un gleich hock ich nackisch Wand an Wand mit dem!“, kontert das „Liebesperlchen“.

„Nur hot er nix vun, Rosa!"
„Hinnerher geh ich unner die Höhesunn, Traudel!"
„Hosch en Termin mit em Herrn Dupont ausgemacht?"
Ein zuckersüßes Lächeln lässt das „Liebesperlchen" treiben. „Der is doch vor Ort!"
Gut gelaunt besetzt sie die Badezelle II.
Für ihre unbefangene Art ist Rosa bekannt. So manchen Schatz und Spaß hat sie sich erlaubt. Die Liebsten sind im Krieg geblieben, doch die hübsche Näherin lässt sich nicht unterkriegen. Als Kartenlegerin ist sie bekannt. Traudel lässt sich von ihr immer wieder einmal die Karten legen. Leider haben sie ihr bisher keinen pomadisierten Helden versprochen.
Langsam füllt sich die Badeanstalt. Die Frau des Bäckers, der Schmitte Herbert aus dem Rathaus, Schön-Christel, die Kinder vom Schullehrer Stein, der Zahnarzt Müller, die Lore vom Bauer Braden, Prokurist Becker aus der Spirituosenfabrik und der Zeitungsfotograf Lenz sind eingetroffen. Geduldig warten sie mit ihren Handtüchern unterm Arm im mollig-warmen Treppenhaus. Unten im Keller heizt Hansi weiter den Kessel ein. Wie ein ausgelassener Teufel springt er im Flammenschein des Ofenlochs hin und her. Er will es ihr recht machen, seinem Täubchen. Wenn nur der Dupont verschwinden würde. Dieser Besserwisser mit seinen glühenden Höhensonnen.
Mit rosigen Wangen kommt das „Liebesperlchen" beinahe gleichzeitig mit Franz Jung aus der Badezelle raus. Sie lacht ihn an. „Beinah hon mir zusamme in de Wann gehockt!"
Verlegen versucht er sich ein Lächeln abzuringen. Er kennt sie, die Rosa Gerlach mit dem frechen Maul.
Eben beschwert sich die Adamina vom Drogisten aus der Badezelle IV lauthals über die Wassertemperatur. „Es könnt ebbes wärmer sein, Traudel!"

Traudel beruhigt sie. „Ich geb' Bescheid!"
Die Kellertür öffnend plärrt sie: „Alter, schloof nit in! Die Leit beschwere sich schunn!"
Rosa hat den Franz am Wickel. Entweichen kann er ihr nicht.
„Ich geh noch höhesonne, Franz! Dääd dir aach gut duun. Bisch so bleich als wenn de nur im Mondschein wandele duust!"
„Ich trau de Höhesunn nit so, Rosa!"
„Ei, do drunner is es richtig kuschelig!"
Die Haustür öffnet sich und mit dem dicken Metzger Trapp dringt die Winterkälte ein
„Eh, das stell ich mir gruselig vor! Der Dickwanst in de Wann drin, Franz!", flüstert Rosa.
„Du stellst dir viel zu viel vor, Rosa!" Es hätte ein Tadel sein sollen, doch hat er sich damit auf glattes Parkett begeben.
„Gell, sag' ich doch! Mir zwee Wand an Wand!"
Er räuspert sich. „Ich muss heem!"
„Duud jemand uff dich warte?"
„Hon zu duun!"
„Nimmsch de mich mit! Hon kee Lust zu Fuß zu gehe!"
Er schluckt. Die Luft will ihm wegbleiben. Das luftige „Liebesperlchen" hat ihn eingewickelt.
„Du willsch doch noch unner die Höhesunn!", ist sein letztes Aufbäumen.
„Die verglüht nit, Franz!"

Auf der Fahrt durch die stille Landschaft entlang des Wiesbachs, sagt sie auf einmal: „Ich hon mir selber die Karte gelegt!"
„So ebbes sollsch de nit duun, Rosa!"
„Weshalb nit?" Aus ihren dunklen Augen blinzelt sie ihn an.
„Das is Aberglaube!"
„Awwer spannender als das was de Parre uff de Kanzel schwätzt!"

Er schweigt. Sie summt ein Lied. Aus der Talaue zieht der Nebel auf. Sie hat ihr Lockenköpfchen mit den wenigen grauen Strähnen an ihn gelehnt. Angestrengt hält er die Zügel fest.
„Jetzt sin mir richtig sauber, gell!“, haucht sie.
Er wagt kaum zu atmen. Ein Hauch Zitronenminze geht von ihr aus.
„Willsch de nit wisse, was mir die Karte verzählt hawwe?“
„Verrat es mir dann!“
„Ich soll en Mann finne an em ungewöhnliche Ort!“
Er schluckt. Sie schmiegt sich enger an ihn. Das „Liebesperlchen“ lässt ihn den Messwein, all die Litaneien und Rosenkranzandachten vergessen. Doch schon meldet sich das schlechte Gewissen. Die Mutter hatte ihn gewarnt. Im Wannenbad lauere die Versuchung. Der Leib sei rein genug und brauche kein warmes Wasser. Wie recht sie gehabt hat – das „Liebesperlchen“, ein kleiner, leibhaftiger Succubus. Ach nein, sie ist nur ein wunderbares Weibchen, sanft und herzensgut.

In der Badeanstalt herrscht Hochbetrieb. Traudel muss einige Gäste ermahnen, ihre Badezeit nicht über Gebühr auszudehnen. Dem Küfermeister Schorsch verbietet sie in seinen wilden Wasserspielen fortzufahren. Der Planscher hat schon eine halbe Wanne Wasser verbraucht. „Du bisch nit beim Fassspüle, Schorsch!“ Für eine Weile beruhigt sich der Wellenschlag in der Badezelle III.
In der Kammer hinter der Küche hantiert der Friseur mit seinen vier Höhensonnen. Schutzbrillen verteilt er wegen des grellen Lichts der Quarzlampe. Die dicke Bender Marie aus der „Dallesgass“ sitzt wie eine Ölgötzin vor der Lampe. Der Friseur säuselt ihr sämtliche Wunder der ultravioletten Strahlung vor. Krebsrot ist die Haut der Bender Marie.

Die hübsche Christel, „Schneewittchen“ genannt, genießt die Wärme. Die Hand des Friseurs streift ihre weiße Schulter.
„Wie Milch und Blut!“, haucht er.
Christel schüttelt sich: „Ei, hosch de se noch all!“
Er zieht sich schlagartig zurück.
Von der Küche aus hat Traudel das Intermezzo beobachtet.
„Leg dich doch dezu!“, knurrt sie ihn an.
„Ich hon se einweise müsse!“
Traudel lacht auf. Ein grelles Lachen ist es. „Geh die Bender Marie graule!“
Unwillig verzieht er den Mund.

Im Jahr darauf.
Der Winzer Franz Jung und das „Liebesperlchen“ nehmen zusammen ein Wannenbad. Sie sind seit dem Herbst ein Ehepaar. Traudel hat die Höhensonnen samt dem Friseur entsorgt und Hansi heizt weiter mit Koks den Ofen ein. Die Badeanstalt wird weiterhin gut besucht – obschon, am Horizont zieht sie auf, die neue Zeit mit Bad und Dusche in den eigenen vier Wänden.

Feldschütz Rötsch

Hager, hochgewachsen, den breiten Hut tief in die Stirn gezogen, als schwarzer, schmaler Strich sich in der Gemarkung bewegend, so ist er in Erinnerung geblieben, der Feldschütz Franz Rötsch.
Sein Amt als Feldschütz nahm er ernst, sehr ernst – er vernachlässigte darüber seine Familie, die aus einer lebhaften Frau, Deckers Liesel, einer umtriebigen Tochter, Rötsches Margret, und

ihm bestand. Das Amt hatte er 1926 übertragen bekommen. Er „beerbte“ seinen Onkel Heiner, der zuvor Feldhüter gewesen war. In der „Burgstraße“ hatte er ein kleines Haus. Das Höfchen versank bei jedem Regen im tiefen Matsch. Liesel liebte es an den Nachmittagen zu Likörrunden einzuladen und was die Tochter so trieb in ihren wilden Jahren – das gehörte nicht in seinen Zuständigkeitsbereich. Seine „Weiber“ hatten zu „spuren“, wie er es ausdrückte – und um Schlag zwölf hatte das Essen auf dem Tisch zu stehen. Schweigend schlang er die Mahlzeit runter, um dann mit dem Fahrrad in der Feldflur zu verschwinden.
Rötsch besaß eine diffuse Originalität, die ihm einzig durch sein subalternes Amt verliehen wurde. Seine Tätigkeit beinhaltete etliche Befugnisse, die er eifrig umzusetzen pflegte. So durfte er bei Felddiebstählen, Täter die ihm nicht bekannt waren und sich nicht ausweisen konnten, durchsuchen und vorläufig festnehmen. Dabei konnte er auch „zulangen“. Letzteres betonte er gern, wenn er im Wirtshaus „Zum roten Ochsen“ seinen Schoppen trank.
Meist wurde er von seinem Hund Nero begleitet. Der wievielte „Nero“ es war, wusste er selbst nicht mehr. Allesamt schienen sie knurrende Ungeheuer gewesen zu sein.
Eines Nachmittags, es war hoher Sommer, erwischte er zwei Kinder in einem Süßkirschenbaum. Er ließ sie von Nero stellen und führte sie dann ab – hinüber ins Dorf. Neben seinem Fahrrad mussten sie herlaufen, eskortiert vom aufgeregt bellenden Nero.
Die Witwe Lemm lachte ihn aus als er ihr den Robert vorführte.
„Hosch de wieder de Kinnerfänger gemacht, Franz?“
„Das is en widerrechtlicher Eingriff in das Eigentum vun annere gewese!“, versuchte er zu belehren.
„Jo, die Kirsche hänge hoch!“

„Ich duu das melde!“
„Guter Zeitvertreib, Franz!“
Sein Fahrrad schiebend zog er ab. Es knirschte in ihm. Dem Weib war nicht beizukommen. Schon ihre Mutter hatte ein freches Maul gehabt – und so kräftige Waden. Er schnalzte mit der Zunge, um sich gleich zur inneren Ordnung zu rufen. Er war eine Amtsperson und kein Weiberheld.
Auf dem Weingut Braun musste er sich belehren lassen, dass der Acker mit dem Kirschbaum den Brauns gehöre und Bärbel so viele Kirschen essen dürfe wie sie wolle. Zum Glück konnte er gegen Abend einen echten Tagdieb festnehmen.
Als wahrer Kinderschreck war er hinlänglich bekannt. Er konnte es nicht ertragen, wenn sich die „Päns“ in der Gemarkung rumtrieben. Sicher fühlten sich die Buben vom Weinküfer Bender draußen in der „Dell“, wo die hohen Birnbäume standen. Sie hatten erfahren, dass der Schütz beim Amtsgericht zu tun habe. Beste Gelegenheit. In der „Dell“ tanzten jetzt nicht nur die Hasen.
Da die Birnen hoch hingen kletterten Paul und Peter in den Baum hinein. Gelb leuchtende Butterbirnen waren es. Saftig und süß. Gerade als sie das Feld verlassen wollten, tauchte der Feldschütz samt seinem Nero auf. Der Hund sprang gefährlich knurrend am Baumstamm hoch und der Schütz schrie: „Runner vum Baum!“ Doch wie sollte das geschehen, wo die Bestie freilief. Als sich die Buben nicht rührten, band er seinen Nero am Baumstamm fest und versuchte selbst in den Birnbaum zu klettern: „Runner, ihr Päns!“, plärrte er die Äste schüttelnd.
Die Buben kletterten aus der Krone raus.
„Wie heißt ihr?“
Paul witterte die Chance. Noch nicht lang lebte seine Familie im Dorf, wo der Vater Fassküfer auf der Weinbaudomäne war.
„Paul Fuchsmann!“

„Woher?

„Vun do driwwe!“

Der Feldschütz schrieb auf. „Paul Fuchsmann!“

Peter folgte seinem Beispiel und nannte seinen Fantasienamen: „Peter Vogelbaum!“

„Ab, eure Eltern kriege Post vun mir!“

Spätnachmittags erschien Rötsch auf der Bürgermeisterei, um die Namen seiner Delinquenten bekanntzugeben. Der Bürgermeister schaute ihn erstaunt an: „Wer soll en das sein, Franz?“

„Zwee Drecksäck aus em Ort!“

„Awwer so heeßt niemand do!“

Der Feldschütz beharrte auf der Richtigkeit seiner Meldung. Er hätte die Knaben verhört und ihre Personalien aufgenommen. Die Vorstellung, dass ihm jemand angeschwindelt haben könnte, wollte er erst gar nicht aufkommen lassen. Es wird erzählt, dass, wenn er einem der Küfer-Söhne im Dorf begegnet sei, er schlimmer geknurrt habe als sein Hund.

Häufig hielt er sich auf dem „Galgenberg“ auf. Einem Hügel über der Ebene, noch durchfurchte die Autobahn nicht die Niederung. Seine scharfen Augen konnten sehen – und eines Nachmittags sah er sehr viel. Nein, das passte nicht in die Liste der Feldrügen.

Er stampfte durch den „Brabbes“ seines Höfchens. In der Küche werkelte Liesel am Herd, rührte die Mehlsauce an. Punkt zwölf Uhr. Sie wandte sich um, er sah nicht die Röte über ihr Gesicht streifen, als sie sich die Hände an der Schürze abwischte.

„Franz, paar Minute noch! Bin Spargelsteche gewese!“

Er blickte sie an, ausdauernd lang. „Um Zwölf hot das Esse uff em Disch zu stehe!“, brüllte er los.

Liesel huschte zum Schrank, um die Schüssel rauszuholen. Er hockte in Lauerstellung am Tisch. Messer und Gabel aufrecht in Händen haltend.

Den Spargelacker würde er im Auge behalten. Ganz genau. Es ging nicht an, dass sie sich unterm Nussbaum sonnte und er auf sein Essen warten musste.

„Geh weg - weg - weg"

Der Dienstmann Adrian, ein kleiner, schmächtiger Mann, der durch sein energisches Geschrei „Geh-weg-weg-weg", dass ein wenig wie das Meckern einer Ziege klang, war eine bekannte Figur in den Wormser Gassen.
Natürlich ließ die Wormser Gassenjugend keine Gelegenheit aus, den als jähzornig bekannten Mann zu hänseln. Wo immer er auch auftauchte, schallte ihm der Ruf: „Geh-weg-weg-weg!" entgegen. Seinem zornigen Temperament entsprechend, konnte es geschehen, dass er seine Lasten stehen ließ, um die Spötter zu verfolgen. Allzu weit durfte er sich nicht von den zu transportierenden Gegenständen entfernen. Dies wiederum rettete die Spötter vor weiterer Verfolgung und entsprechenden Folgen, denn gar so harmlos war der Dienstmann Adrian nicht.
Neben seiner Tätigkeit als Dienstmann ging er noch einer Arbeit als Sackträger für einen Kohlenhändler nach. Kohlenhaufen schaufelte er neben Koksbrocken in Wormser Keller hinein.
Anlässlich einer solchen Gelegenheit versuchte ein feiner Junge, es den Gassenbuben gleichzutun. Als der Adrian die Kohle in den Keller der Villa des Lederfabrikanten schaufelte, wagte er sich vor: „Geh weg – weg – weg!", rief er und prompt landete ein Koksbrocken an seinem Kopf.

Hermann und die Eierkischt

Hermann M. stammte aus dem Wormser Vorort Heppenheim. In einem alten Adressbuch wird sein Beruf mit „Hausierer“ angegeben.

Wie er seinen kärglichen Lebensunterhalt bestritt, ist einem Vorkommnis zur Zeit der Obsternte zu entnehmen: In den Heppenheimer Streuobstwiesen irrte ein weiß gekleidetes Gespenst stöhnend umher. Es soll der Hermann, ein Bettlaken schwenkend, so die Aufmerksamkeit auf sich gelenkt haben, derweil seine Frau die mitgebrachten Körbe mit Äpfeln und Birnen füllte. Den Ertrag der Gespensterspiele habe das Ehepaar auf dem Wormser Wochenmarkt verkauft.

Nach dem Tod seiner Frau tat sich Hermann mit der „Eierkischt“ zusammen. Die „Eierkischt“, eine laute, geistig beeinträchtigte Frau, war stets kreuz und quer in Worms unterwegs. Neben ihr durchzog noch die „Schepp Käth“, eine körperlich missgestaltete Frau, die Gassen. Im Gegenteil zur „Eierkischt“ war sie in ihrem Verhalten weniger ausfallend.

In einem Häuschen inmitten eines verwahrlosten Grundstücks hausten die beiden. Da kein Stromanschluss vorhanden war, halfen sich Hermann und seine „Eierkischt“ mit Petroleumlampen aus.

Er konnte wohl großartig Geschichten, die zwischen Dichtung und Wahrheit pendelten, erzählen. Wunderbar soll er in seinem Dialekt fabuliert haben – am Ende schälte sich immer ein strahlender Hermannheld aus der ramponierten Hermannschale raus.

Die Pfeif-Erna

Am Hoftor stand sie mit der Schulter an den Türpfosten gelehnt und schaute die Gasse rauf und runter. Die Arme hielt sie unter den Brüsten verschränkt, ihre Füße steckten in ausgetretenen Latschen, selbst im Winter ging sie ohne Strümpfe. Wenn es ihr zu eintönig wurde, begann sie eine Melodie vor sich hin zu pfeifen. Dabei spitzte sie ihre üppigen Lippen, ließ ein genügsames Lächeln über die breiten Wangen treiben und begann laut und munter zu pfeifen – so wie nur sie es konnte, die Pfeif-Erna, damals eine Frau Mitte dreißig, die auf dem Winzerhof ihrer Großeltern lebte.

Eines sommerlichen Sonntags war eine Gruppe halbwüchsiger Mädchen in den Dorfgassen unterwegs. Sie wollten sich die Zeit vertreiben, der Langeweile entfliehen. In einem ganz bestimmten Hof hinter einer hohen Mauer stand ein Kirschbaum. Die kesse Heidrun hatte ihn entdeckt. Ute und Erika standen Schmiere. Die Kirschen schmeckten süß – Herzkirschen waren es.

Wie sie durch die Gassen weiterzogen, hörten sie ein fröhliches Pfeifen, das sich in die Stille der Dorfgassen wie ein heimliches Rufen mischte.

„Die Pfeif-Erna“, rief Erika aus. „Los gehe mir hin!“

Sie konnten die seltsame junge Frau gut leiden und anders als die Gassenbuben, die die Erna auslachten und sie frech aufforderten: „Pfeif emol!“, freuten sich die Mädchen, wenn sie der Erna begegneten. Den Reil durchquerend, über die Brücke am Bach laufend, erreichten sie den Hof – immer dem leisen Pfeifton folgend.

Kurz stellte Erna das Pfeifen ein, als Ute sie fragte, ob sie mitkommen wolle? Erna nickte und schloss sich ihnen an. Sie besaß keine richtige Sprache. Worte würgte sie nur stoßweise aus

sich heraus. Mit Lauten, Gebärden und vor allen durch ihr Pfeifen teilte sie sich mit.
Die Luft war erfüllt vom Duft der blühenden Rosen aus den Gärten. An den Wegrändern wuchs die echte Kamille.
Erna lief neben den Mädchen her. Wenn eine Frage an sie gestellt wurde, nickte sie oder schüttelte den Kopf. Dann setzte wieder das Pfeifen, ihre wunderliche Sprache, ein.
Der Weg führte am Bach entlang, der in der Sonne glitzernd über Kiesel sprang. An den Wurzeln einer Weide schäumte er mächtig auf. Ernas Pfeifen nahm dramatisch an Tempo zu als sie auf das Wasser zeigte.
Sie hatten den Dorffriedhof erreicht. Durch das Laub der hohen Bäume fiel die Sonne, ließ die Strauchrosen dunkel die Mauer umfassend erscheinen. Ein zauberischer Frieden lag über dem Ort – und wäre nicht Erna gewesen, hätten nur einsame Bienen gesummt und die Tauben gegurrt. Erna pfiff noch zuversichtlicher ihre Melodien. Es machte sie gewiss stolz bei den Mädchen zu sein, den feinen Mädchen in ihren hellen, sauberen Sonntagskleidern.
Die Sonne stand steil in den Büschen, als sich die Mädchen in jenen Winkel des Friedhofs begaben, wo sich die alten Gräber mit den Grabsteinen aus rotem Sandstein befanden. Namen und Zeiten unter dem ewigen Efeu begraben. Sie waren gern an diesem Ort.
Mit etwas schlechtem Gewissen rissen sie die Efeuwurzeln aus der Erde raus und entfernten die Efeuranken von den Grabsteinen, wo sie zierliche, filigrane Spuren zurückließen. Erna pfiff.
Die Mädchen wandten sich den Gräbern an der Mauer zu. Später Nachmittag und die fernen Berge verbargen sich hinter sommerlichen Dunstschleiern.
Jetzt bekam die Immerheiser Tante einen Efeukranz, und die Lisbeth aus dem Unterdorf musste sich mit dem „Gemeinen

Efeu“ zufriedengeben. Sie schmückten die Gräber, verlassene, verwahrloste Gräber waren es. Klatschmohn pflückte Ute auf dem Acker vor der Friedhofsmauer. In einer zerbrochenen Vase stellte sie ihn auf dem Grab einer Katharina Becker ab. „Guck emol, wie jung die war?“, wunderte sich Heidrun. Nachdenklichkeit stellte sich ein. Ein vierzehnjähriges Mädchen war es – und sie würden bald genauso alt sein.

Ernas Pfeifen klang hell und klar. Geduldig trabte sie hinter den Mädchen her, von einem Grab zum anderen. Wenn sie fragten: Erna, is das scheen? nickte sie, ließ aber nicht von ihrem Gepfeife ab.

Eine alte Frau schlurfte über den Sand zwischen den Gräberreihen. Als sie das Pfeifen hörte, begann sie zu schimpfen. Sie sollten verschwinden und die Verrückte hätte hier gar nichts zu suchen. Die Mädchen schauten sich an. Sie kannten das böse Weib.

„Der stelle mir kee Blumme emol uff's Grab!“, meinte Ute.

„Nee, die kriegt en Kappeskopf gesetzt!“, erwiderte die lustige Erika.

Erna hatte das Geschrei der Alten nicht beeindruckt. Sie pfiff und pfiff.

„Jo, pfeif der de Marsch!“, lachte Heidrun. Eine Amsel fiel mit ihrem Gesang in den gepfiffenen „Oh, du lieber Augustin“ ein.

Die Alte war durch die Pforte verschwunden und die Mädchen machten sich auch auf den Heimweg. Erna hatte die Melodie von „Maikäfer flieg“ angestimmt – es klang so schön in den Tag hinein.

Dem sommerlichen Sonntagnachmittag folgten noch viele Ausflüge mit Erna. Es war den Mädchen zur Gewohnheit geworden, mit Pfeif-Erna die langweiligen Sonntagnachmittage ad absurdum zu führen.

Der Herbst drängte sich heran – das Efeu, immergrün, umschlang die Gräber – kleine Spinnen hatten weiße Schleier über die Ranken gewebt – und Pfeif-Erna pfiff ein lustiges Lied.

Weitere Bücher aus der Region

100 Dinge über Mainz,
die man wissen sollte
Ursula Hoffmann-Kramer
112 Seiten, Hardcover,
zahlr. Farbfotos
ISBN 978-3-8313-2986-1

100 Dinge über Worms,
die man wissen sollte
Jörg Koch
112 Seiten, Hardcover,
zahlr. Farbfotos
ISBN 978-3-8313-2924-3

Mainz gestern und heute
Helmut Lehr
64 S., Hardcover,
zahlr. Farb- u. S/w-Fotos
ISBN 978-3-8313-2251-0

Weihnachtsgeschichten
aus Rheinhessen
Monika Böss
80 S., Hardcover,
zahlr. S/w-Bilder
ISBN 978-3-8313-2933-5

Wartberg-Verlag GmbH
Im Wiesental 1 34281 Gudensberg
www.wartberg-verlag.de

Bücher für Deutschlands Städte und Regionen
Tel. 0 56 03 - 93 05 0
Fax. 0 56 03 - 93 05 28